だいわ文庫

貧乏大好き

ビンボー恐るるに足らず

東海林さだお

大和書房

「貧乏大好き」

東海林さだお

貧乏を恐れてはいけない。

かといって親しむものでもない。

むろん憧れるものでもない。

仲良くしようと思って近寄っていくものでもない。

わざわざ近寄っていかなくても、ちゃんと向こうから近寄ってきてくれる。

貧乏神というものはいつのまにか家の中に居座っているものなのである。

戦争が廊下の奥に立っていた

という俳句があるが、貧乏神もちゃんと廊下の奥に立っている。

押入れの奥にも立っているし、台所の冷蔵庫の中にも立っているし、トイレの隅にも立っている。

気がつくと家の中は貧乏神で満員である。

人は貧乏についてとても詳しい。
貧乏の内容について詳しい。
貧乏に関する諺や警句や教訓はいっぱいある。
そんなん沢山要らない、と思うぐらい山ほどある。
貧乏ヒマなし。
貧すれば鈍する。
稼ぐに追いつく貧乏なし。
赤貧洗うが如し。
貧乏人の子沢山。
貧乏ゆすり。
器用貧乏。
貧乏神。
これらのどれひとつとして知らない人はいない。
どれもこれも深く頭の中に染みこんでいる。
どれもこれも名言、名句、名文ばかり。
ひとつひとつに感慨を深くし、大いに納得し、ハゲシク頷く。

貧乏ヒマなし。

ンダ、ンダ、そのとーり、異議なし。

貧すれば鈍する。

ンダ、ンダ、そのとーり、異議なし。

稼ぐに追いつく貧乏なし。

ンダ、ンダ、そのとーり、異議なし。

そういうのばっかし。

誰もがそのひとつひとつに経験があり、実績がある。

なにしろ経験に基づいた言葉ばかりなのでその思いは複雑である。

あまりに当を得た言葉ばかりなので悔恨は深い。

貧乏は、こっちとしては親しくしようと思っていないのに向こうは熱心に近寄ってくるので、その熱意にほだされてつい交《つ》き合うことになる。

交き合っても良いことなどひとつもないのだ。

人はなぜ貧乏と交き合いたくないのか。

貧乏はイメージが暗い。

貧という字を見ただけで暗い気持になる。

貧という字を見て急に希望が湧いてきたという人はいるだろうか。

赤貧洗うが如しを読んで、頭に虹が輝いたという人はいるだろうか。

大抵の人は、

「赤貧？　ということは赤いってことか？　貧乏神は赤い色をしてるのか？　見たことあんのか？　貧乏は赤だってこと誰が決めたんだ、責任者出てこーい！」

と、ホラ、貧乏するととかく気持が荒《すさ》むのでどうしてもこのようなことになる。

「貧」だけですでにこのように荒んだ気持になっているところへ「乏」の字が追いかけてくる。

乏《とぼ》しい。

「少ない」「足りない」「不十分」。

お金に「乏しい」ことを「貧乏」という。

何もそんなにしつこく追いかけてこなくてもいいじゃないか。

とにかく貧乏はしつこい。

追い払っても追い払っても追いかけてくる。

逃げきれたかな、と思って振り返るとまだ追いかけてくる。

貧乏は逃げきれるものでないことは誰もがわかっている。

だが向こうはどうしても仲良くしたいのだ。
だったら、その熱意にほだされてみるのもいいのではないか。
向こうはこっちに恋焦がれているワケです。
応えてあげるのが人の道。
開き直って、
「大好き！」
と受けとめてあげるのが人の道というものではないでしょうか。

貧乏大好き　ビンボー恐るるに足らず　目次

B級対談

3章 庶民の食べ物編

4章 場違いに屈せず編

5章

激情の二十代編

※本書に出てくる店名、商品名、料理、値段などは初出時のものです。

1章 哲学する貧乏人編

コンビニ日記

○月○日

夜、ローソンでおでんを買ってきた。

ローソンのおでんは安い。

他のコンビニは百円ものが主流だが、ローソンは全品七十円均一だ。

ぼくはこれまでに何百回コンビニに通ったかしれないが、一度だってコンビニでおでんを買っている人を目撃したことがない。

しかし、コンビニではいつだっておでんが弱々しい湯気をあげている。

このローソンは今年の二月に開店したばかりなのだが、もしかしたらぼくが〝当店おでんお買いあげ第一号〟ということになるのだろうか。

このローソンのおでんは、ときどきセルフサービスになる。

店が混雑して忙しいときにセルフサービスになるというわけでもないらしく、全然ヒマなときでも、「セルフサービスでお取りください」のフダが出ていることがある。

今夜もそのフダが出ていた。

おでん鍋の横に、大小二種類のプラスチック容器と、わりに大きめのお玉が置いてある。

大きいほうの容器は、ドカ弁を更に深く大きくした感じで、深さは五センチぐらいある。

ぼくは大きいほうを取りあげた。

左手に容器、右手にお玉をかまえおでんの鍋の前に立つ。

「エート、まずコンニャクね」

と、コンニャクをお玉で追いつめてすくいあげ、

「とれた、とれた」

と、ポチャンと容器にあける。

まるで金魚すくいだ。

「次は大根いくか」

と、大根を追いつめてすくいあげる。

コンビニのおでんは例外なくレジの横にある。

レジに並んだ人が、オジサンがおでんで金魚すくいをしているのをチラチラ見る。

オジサンは恥ずかしい。

オジサンは巨大容器のほうを選んだにもかかわらず、結局、コンニャクと大根とスジ（スジ肉）とシラタキしか取らなかった。

この容器は恐らく二十品以上取る人のための容器として置かれてあるのだ。

オジサンにはむろん理由がある。

おツユをねらっているのだ。

まずお玉でおツユを一杯。

これは当然の権利である。なんの後ろ指をさされることがあろう。

続いて、急に、おそるおそるという感じになってもう一杯入れた。

世間一般の常識として、おでん一品に対してどのくらいの量のおツユがつくものなのだろうか。

屋台のおでん屋なんかでは、たとえばチクワとコンニャクとサツマ揚げの三品を取ると、お皿にお玉半杯ぐらいのおツユを入れてくれる。

このあたりに、〝おツユの常識〟をさぐる根拠がありそうだ。

しかし、ローソン当局は、そのことに関する見解はいっさい示していない。

おツユに関する表示はどこにもない。

もし巨大容器にチクワを一本だけ入れ、容器のフチまでナミナミ、タプタプにおツユを入れて持ってきた客がいたならばどう対処するつもりなのだろうか。

ただちにセコムに通報、セコムがやってきて、おツユ没収ということになるのだろうか。

コンビニの飲みもののところで
早く取り出して早くしめなくちゃ
と、ついあせって
しまったことって
ありま
せん
か？

オジサンはレジ係を見た。

女子高生のバイトのようだ。

それを見たオジサンはもう半杯、おツユを容器に入れた。

おとなしそうな人だったからだ。

おでん四品はとっくにおツユの中に水没している。明らかに良識の域を超えている。

オジサンはおでん四品、おツユタプタプの容器をレジに差し出した。

レジ係は容器を受けとり、容器の中をしばらくの間じっと見つめていた。

オジサンはドキリとした。

「いよいよセコムか」

翌日の日刊ゲンダイに、

「中年男、コンビニで女子高生のバイトをおどし、おでんのツユを大量に持ち去る」

というような記事が出るのだろうか。

だが、レジ係は、ただ単に、容器の中の品数を数えていただけなのであった。

四品で二百八十円、と打ち、消費税八円、と出ると、

「カラシつけますか」

と、何の疑いもないつぶらな瞳をオジサンに向けるのだった。

オジサンはせめてもの罪ほろぼしに、

「いらない」

と応じるのだった。

大量のツユ代から、せめてカラシ代を引いてもらおうと思ったのだ。

オジサンが千円札を出すと、レジ係は、

「千円からおあずかりします」

と言って受けとり、七百十二円のおつりをくれるのだった。

オジサンはおでんの入ったビニール袋をさげ、ローソンの自動でないドアを自力で押し開いて外に出た。

夜道を歩きながら、

「よく考えてみたら、大根とスジはさておき、コンニャクとシラタキの組み合わせはまずかったのではないか。コンニャクもシラタキも結局は同じものだから、むしろ他のものにすべきではなかったろうか」

と反省し、清純な女子高生に大人の醜い面を見せてしまった、と反省し、

「しかし、他のコンビニはすべて自動ドアなのに、ローソンだけはどの店も自動じゃないというのは何か理由があるのだろうか」

と、いろいろ考えることの多い帰途となった。

日刊ゲンダイ
おでんのツユを大量に奪って逃走!!
逃走犯

○月○日

ミニストップでカップ焼きそばとウーロン茶

を買ってきた。

カップ焼きそばは、「日清焼きそばＵＦＯ」の「これが本流焼きそばソース」というもので、ウーロン茶は伊藤園の「金の烏龍茶」の５００㎖ものだ。

まず「ＵＦＯ」のカップのフィルムをはがす。

カップ麺のフィルムというものはなかなか破れない。

ツメで何回か試みたのち、結局、包丁を持ち出すことになる。

このあたり、全日本カップ麺協会に一考を促したいところだ。

フィルムをはがして、「召しあがりかた」というところを読む。

たかがカップ焼きそば、〝召しあがる〟というほどのものではあるまい。

来客にカップ焼きそばを出して、「どうぞお召しあがりください」って言うか。

ま、いい。とりあえず読もう。
①フタを開け両側六か所のつめを持ちあげる。ソース、かやく、ふりかけを取り出す。
かやくを麺の上にあけ熱湯を内側の線まで注ぐ。

ここまでが①なのだ。

このあと③まで続くのだ。

実にもう、カップ焼きそばを召しあがるにはいろんなことをしなければならないのだ。

六か所ものつめを一つ一つツメで持ちあげさせられるのだ。

世の中には〝札所六か所巡り〟なんてものもあって、六か所というのは大変な数ということになっているはずだ。

ま、いい。とにかく六か所ツメで持ちあげよう。
②再びフタをし三分間待って湯切り口（矢印）が完全に見えるまでつめを開けて湯切り口から湯を捨てる。
③ソースをかけてよくまぜ合わせ、ふりかけをかけてできあがり。
読み終えてつくづくうんざりする。

〝湯切り口が完全に見えるまでつめを開けて〟というのは、さっき持ちあげたつめが下がったりしているのはいけないということらしい。

だから一つめ、一つめ、確認しろということらしい。

もう、いいっ。そんなことまでさせるならもうこの焼きそばは食わないっ。

と言いたくなるのを我慢して、一つ一つ言いつけを守る。

電気ポットの湯をジョボジョボと〝内側の線まで〟注いで三分待つ。

「あそこのあの針があそこに行ったらだな」と三分待つ。

この三分というのは実に中途半端で実にやるせない時間だ。

やるせなく、フタの字なんかを読む。原材料名というところを読む。

なになに増粘多糖類？　なになに炭酸カルシウム？　なになに酸化防止剤？　そういうのって体によくないんじゃないの。なになに？　カッコしてビタミンE？　そうか、そんなら大丈夫、などと、よくわからないのに安心したりする。

あそこの針があそこに行ったので、立ちあがって流しに持って行って湯を捨てる。

湯を捨て始めて三秒ぐらいたったころ、不意にステンレスの流しがベコッと音をたてる。

深夜なんかだと、このベコッに思わずドキッとなる。

もう何十回も、カップ焼きそばの湯を流しに捨てているのだから、いずれベコッというのはわかっているのに、つい油断しているとドキッとなる。

〝召しあがりかた〟のところに、あんなにこまごまと注意が書いてあるのだから、〝流しに湯を捨てるときベコッと音がするけど決して驚かないように〟という注意書きをつけるべきではないのか。

このあたりも全日本カップ麵協会にお願いしておきたい。

湯を捨てるとき注意することは、フタを両手でようく押さえることだ。

押さえが足りずにズルッと中身が流しにあふれ出て、あわててフタで押さえようとして熱湯が手にかかり、アッチッチッと思わず両手を離して箱ごと流しにぶちまけるということはよくあることだ。

ぶちまけられた流しの中の湯気をあげる焼きそばを見るのはつくづく悲しい。

ソースの袋を破ってソースをかけてかきまわす。

最後にふりかけをかけてひと口すすりこむと、大量に立ちのぼる湯気とソースの酢の匂いで、ケホケホとむせかえるところがカップ焼きそばのダイゴミだ。

二口、三口と食べたところで伊藤園の「金の烏龍茶」500㎖の口金を開ける。

こういう500㎖ものボトルの口金は、金属のものとプラスチックのものとがある。

口金をまわすと、チリチリと音がして、やがてプチッという音とともにフタの上の部分と下の部分が切断される。

このプチッのとき、ほんの少しだが快感のようなものを感じる。

「やった！」と言うほどではないが、「やった！」の百分の一ぐらいの快感はある。

このプチ感は、プラスチックのフタよりも、金属のフタのほうが秀逸である。

この「金の烏龍茶」は〝烏龍茶の中でも極品茶とよばれる鉄観音と岩水仙に色種、

黄金の名をもつ烏龍茶、黄金桂をブレンドし、黄金の液色と金木犀の花のようなふくよかな香り、味わいを功夫《くんふう》製法で抽出しました〟と、なんだかよくわからないほどものものしいのに、値段はふつうのウーロン茶と同じというところが気に入って愛用している。

少しトゲトゲした味がしておいしい。

くどい味のカップ焼きそばにとてもよく合う。

○月○日

セブンイレブンで「具だくさん弁当」と「生野菜サラダ・フレッシュ、ノンオイルドレッシング付き」と「カップしじみ汁・生みそタイプ」を買ってくる。

夕食用だ。

この「具だくさん弁当」は、ほんとに具だくさんで、四百六十円でありながら、①サワラ塩焼き②コロッケ（半分）③卵焼き④チクワ磯辺揚げ⑤鶏唐揚げ⑥レンコン天ぷら⑦キンピラ（キンピラの下に海苔）⑧大根桜漬け⑨ウィンナソーセージ、と、九種類ものおかずが入っている。

レジにこれらの買い物を提出すると、レジのオニイチャンが、

「お弁当はあたためますか」

と訊く。

「ハイ」

と答えるとレジのうしろのレンジに入れて約一分待つことになる。

このときの、一分間待つ態度というものがなかなかにむずかしい。

ほかに客がいない場合は、レジのオニイチャンと二人で待つことになる。

二人とも無言で、ぼくのほうは〝休め〟をしたり〝休め〟の足を取りかえたり、ツメを噛んだり、なんとなくいたたまれない。
オニイチャンのほうは、ときどきレンジのほうをふり返ったりして、「おそいですね」なんていう素振りをしたりする。
うしろに次の客がいる場合も、これはこれでむずかしい。
うしろの客がＯＬなどという場合は更にむずかしくなる。

ＯＬは、レジの台の上に展開されたぼくの買い物のすべてを見ている。

「フーン、このオジサンの今夜の夕食はこれなんだ」

と、献立てのすべてがわかってしまう。

とてもくやしい。

「今夜は具だくさん弁当に、野菜サラダにしじみの味噌汁なんだ。野菜サラダなんかつけてるってことは、きっと栄養のバランスなんかも考えてんだ、あれで」

なーにが「あれで」だ、とオジサンはくやしい。

「ノンオイルドレッシング付きを選んだってことは、ダイエットなんかもしてるんだ、あれで」

まずかった、とオジサンは思う。

ほんとはノンオイルでなくてもよかったのだ。たまたまノンオイルだっただけなのだ。

オジサンはますますくやしい。

さらにまずいことは、オジサンの今夜の夕食の費用もすべてわかってしまうことだ。

今夜の夕食の一つ一つの値段が、レジの数字の表示によって、逐一ＯＬに報告されてしまうのだ。

「具だくさん弁当が四百六十円。野菜サラダ二百円。カップしじみ味噌汁百三十円。消費税込みでたったの八百十四円か。ナーンダ」

なにが「ナーンダ」なんだ、とオジサンはくやしい。

「うちに帰ればね、この具だくさん弁当のたくさんの具で、缶ビールを二本飲むんだかんな。その八百十四円に缶ビール二本分の四百六十円足して千二百七十四円に訂正しておけよ」

と、オジサンは、弁当があたたまるのを待ちながらどうにもくやしい。

弁当をあたためてもらうと、帰りはどうしても早足になる。

弁当が冷めないうちに戻らなければならない。

「あっため弁当」は弁当のすみずみまであたたまっている。

ここだけはあたたまらないという箇所はない。お箸もあたたまってしまう。寒い夜などはあたたかい箸がかえってありがたい。

梅干しもあたたまってしまう。

あたたかい梅干し、あたたかいタクアン、あたたかい大根桜漬けは、すでに新しい食文化として受け入れられ始めている。

独身で、コンビニ弁当ばかり食べている青年などは、あたたかい梅干しじゃないとおいしくないと言うそうだ。

こういう青年が結婚して家庭を持ち、朝食にタクアンが出てくると、

「このタクアンは冷たい」

と言って怒るという。

コンビニ弁当慣れしたこのオジサンも、

「この大根桜漬け、あったかくておいしい」

と思うようになってきた。

コンビニ弁当には醬油の小袋なども入っているが、

「醬油もあったかくないとおいしくないな」

と思うようになってきた。

無料《ただ》について

「この世にタダのものなど一つもない」

と思っている人は多いかも知れない。

「タダのものなんてネ、この世にはネ、あるわけがないんだよネ。世の中なんてネ、そんなネ、甘いもんじゃないんだよネ」

と、こういうたぐいの人は、しまいに「ネ」を繰り返しつつ暗くつぶやく。

こういう人を「ネクリ族」という。

ネクリ族はネクラ族でもあるのだ。

こういう人はロマンのない人である。

この世にタダのものは存在するのである。

牛丼屋の紅生姜がタダである。

立ち食いそば屋の刻みネギがタダである。

さっぽろラーメン屋のおろし生にんにくがタダである。

紅生姜と刻みネギと、おろし生にんにくの存在をもって、この世にロマンはあるとする理論は多少の無理があるかも知れない。

しかしタダのものが存在するという事実は少しもゆるがない。

もっと広くいえば、日本そば屋の七味唐辛子とか、ラーメン屋のコショウとか、定食屋のおひやなどもタダではあるが、これらは、「タダ界の下っ端《ぱ》」的存在であるからここで論ずるほどのものではない。

タダ界の重鎮、大物といえば、やはり前記三者で、これらを「タダ界の三巨頭」と呼ぶ人もいる。（いないかナ）

タダ界には、この他に、主流ではないがもう一つの大物が存在する。

それはレストランのカレーについてくる福神漬、甘らっきょう、しその実軍団である。

これら三者を、「タダ界傍流三巨星」と呼ぶ人もいる。（いないかナ）

三巨星は、フタ兼取っ手つきのガラス容器に別々に収納されていて、それぞれの減り具合によってそれぞれの勢力を誇示している。

たいていの場合、福神漬が一番減っていて、勢力ナンバーワンの地位を確保し続けているようである。

それゆえに、福神漬を、「三巨星中の巨魁」と呼ぶ人もいる。（たぶん……）

この軍団は、タダ界の傍流ではあるが、その人気、底力にはあなどりがたいものがある。

ぼくはどういうわけか、こうしたタダのものを眼前にすると興奮するたちである。

冷静ではいられなくなる。

まず「より多くの確保」という精神が芽生え、次に「この状況の中で損をしてはならない」という思いが胸中を駆けめぐる。

当然中腰になる。

もともとがタダのものであるから、損をするということは考えられないのだが、

「タダの限界ギリギリまで確保しなければ損をするぞ」

と思ってしまうのである。

「もし損をしたらどうしよう」

と思い、もしそうなったら、

「大変なことになる」

と思ってしまうのである。

特に、さっぽろラーメン屋のおろし生にんにくに於《お》いて、この徴候は顕著になる。

さっぽろラーメン屋のおろし生にんにくは、たいていフタつきの小さな壺状の容器に収納されていて、非常に小さな耳かき状のサジがついている。

この小さなサジは、
「大量に使用したら許さんけんね」
という店側のけんね的警告を無言のうちに提示しているものなのである。
ぼくはもともとにんにくが大好きで、特にさっぽろラーメンにおいてはその大量確保、大量消費を旨としている者なのである。

あの壺状節約奨励型容器の中のにんにく全部を、思うがままに駆使してラーメンを食べ終えたいと常に願っている者なのである。

この多大な要求に対峙するものが、あの小さな耳かき状サジである。

さっぽろラーメン屋にはいって、小さなサジを眼前にしたときから、これから起こるであろう様々な相剋、困難を思い、当惑、混乱、興奮の度合いはいや増すばかりとなる。

中腰の度合いもいっそう激しくなる。

ラーメンが到着する。

ぼくはおもむろににんにく容器のフタを取る。

そしてまず一杯目のにんにくをすくいあげ、

「これは当然の権利だかんね。文句いわれる筋合いは一つもないかんね」

と、かんね的態度でもって堂々と胸を張ってそれをドンブリの中に投入する。

けんね的態度には、かんね的態度で対応しなければならぬ。

これを「けんねかんねの法則」という。

堂々胸を張って一杯目のにんにくを投入するのだが、ここから急に堂々のおもかげが消え失せる。

急に卑屈な態度にうって変わり、急に思慮深げな顔つきになって、

「一杯目はたしかに投入した。しかしこれでは、なんかこう、にんにくが少し足りない、どうもそういう思いがしきりにする。しかたがない。もう一杯投入してみるか」

という念入りな演技をし、少しけだるそうな演技もとり混ぜて、もう一杯のにんにくをすくいあげてドンブリに投入する。

にんにくをツユの中でよくかき混ぜ、ラーメンを食べ始める。

一口、二口と食べていって、

「うーん、やはりなんかこう、にんにくがもう少し欲しい感じがする。どうもそういう思いがしきりにしてならない」

と思案する演技をして、もうひとサジ、やはり気だるそうににんにくを追加する。

ご存知のように、さっぽろラーメン屋のにんにく容器はぐい呑み程度の大きさしかなく、その中にはいっているにんにくの量はたかが知れている。

しかも先人がすでに使用して、満杯の段階よりかなり減った状態にあるのがふつうである。

たび重なる、わが小サジの猛攻に、その備蓄量はすでに底をつきかけているのである。

だが、わが要求は満たされたわけではない。

少なくともあと小サジ二杯、いや三杯は欲しいと思っているのである。

しかし店側の、けんね的警告も無視するわけにはいかない。

ラーメン屋のおにいさんは、仕事をしながらも、チラチラと客席に、

「にんにく許すまじ」

の視線を送ってくるのである。

「ああ、許すまじにんにくを、三たび許すまじにんにくを」

と、原爆許すまじ的情熱をもって警告してくるのである。

その視線をかいくぐって、おにいさんがヒョイと向こうを向いたすきに、ついに四杯目のにんにく投入を敢行するのである。

にんにくに対する世間の目はなぜか冷たい。

どういうわけか、にんにくは一般人に冷遇されているのである。

にんにく好きの人間を蔑視する傾向が世間にはある。

その傾向は、ラーメン屋のおにいさんばかりではない。

ぼくのすぐ隣にすわっているダウンジャケットのナウいギャルも、隣席のにんにく猛攻おじさんにしきりに蔑視の視線を投げかけてくるのである。

あまつさえ、椅子を少し向こうへずらしたりするのである。

おにいさん及びギャルの視線をかいくぐって、五杯目のにんにく投入を行なう。

このあたりになると、当初の、「当然の権利だかんね」というかんね的権利意識はすでに消え失せ、なんかこう、にんにく盗みを行なっているというような気持になってくる。

しかも、世間の冷たい視線に、次第に反抗的な気持も増進してきて、

「にんにく盗んでどこが悪い！」

と、川俣軍司的視線で、おにいさん及びギャルを睨みかえしたりするようになる。

だんだん悪くなっていくのだ。

だが、こういうふうに悪くなっていったのは自分が悪いのではない、世間の冷たい仕打ちがいけないのだ。

「思えばオレの生いたちも暗かった」

と次第に気持はすさんでいき、今はもう極悪人のような心境になってにんにくを容器ごと取りあげ、根こそぎドンブリにあけ、

「文句あっか」

と、今度は新宿西口バス放火犯ふうの視線で、周囲をハッタと睨みすえる。

おにいさんは、手元にあった包丁を、あわてて店の奥にしまいに行ったりする。

こうなると、もう恐いものはない。

にんにくだらけのラーメンをやけくそにすすりこみ、乱暴に勘定払って店中の冷たい視線を浴びながら、まるで刑務所を仮出所する犯人のように店を出てくるのである。

二

つーわけで、ンート、話はどこまでいったんだったかな？

そうそう、さっぽろラーメン屋のおろし生に

んにくを盗み食いするという話だった。

世間一般で、一応この辺までと認められている許容量を超えて、おろし生にんにくを大量獲得してしまうという話だった。

でもって、川俣さんふう反抗的態度でもって、人々の刺すような視線を浴びながらさっぽろラーメン屋を出てくる、というところまでだった。

さっぽろラーメン屋のおろし生にんにくに対するこうした思いは、牛丼屋の紅生姜にもそっくりそのままあてはまる。

牛丼屋のカウンターには、紅生姜が桶のような容器に山盛に入れられて出ている。

つまり店側は、口にこそ出さないが、

「これはタダです」

という無言のメッセージを客側に送っているわけなのだ。

と同時に、

「タダではあるが、あんまり無制限に取得してもらっては困るよ」

というメッセージも送っているのである。

口にこそ出さないが、

「牛丼の肉が、おかずとしてどうしても不足したときのみ、利用してもらうという性質のものだかんね」

というメッセージも添えられているのである。

「そこんとこ、よろしく」

と、こう言っているのである。

前にも書いたように、ぼくはタダのものを見ると途端に興奮するというタチの人間である。

タダと言われて興奮しないわけにはいかないのである。

そしてその興奮は、タダのものを大量獲得せずにはおかないという情熱を内包した興奮なのである。

これから始まる、大量獲得作戦遂行前の武者ぶるい、あるいはおののきといったたぐいのものなのである。

「そこんとこ、よろしく」

と言われても、もはや聞く耳持たぬ人間となり果てているのである。

牛丼屋の紅生姜は、さっぽろラーメン屋のおろし生にんにくのように、獲得したあと、ただちにシルの中に混入させてその隠蔽をはかるということができない。

ここのところがつらいところである。

獲得した紅生姜は、牛丼のご飯の上に安置しておかなければならないから、その分量が右側の人に知られてしまう。

紅生姜の獲得方法には、初期大量獲得と、漸次必要量獲得の二大方式がある。

手間ひまをはぶくという観点から言えば、初期大量獲得のほうに利点があるが、この方式は、いま書いたように獲得量が知られてしまうというデメリットもある。

また、大量獲得した紅生姜から、大量のシルがしみ出て丼のご飯を汚染するという事態も出来《しゅったい》する。

紅生姜のシルのしみたご飯はうまくない。

では漸次必要量獲得のほうはどうか。

こちらは、獲得量が知られてしまうということはないが、そのかわりその都度、箸を紅生姜専用の氷つかみのような器具に持ちかえて獲得しなければならぬという繁雑な作業を要求される。

これは意外に面倒な作業なのである。

お箸だけで、穏便に、平和に牛丼を食べ終えようとしている者にとって、この器具交換作業は大変つらい。

店員の目を盗んで、大急ぎでやらねばならないだけによけいつらい。

ただありがたいことに、牛丼屋の紅生姜は、さっぽろラーメン屋のおろし生にんにくほどの店側の監視感はない。

あの「にんにく許すまじ」的な、強硬な視線は感じられないのである。

むろん、大量獲得が好感をもって迎えられるということはないが、

「大量獲得、やむをえないな」

という諦観的態度で対応してくれる。

ま、いずれにしても、いくら大量獲得といっても、紅生姜のほうは限度がある。

そうたくさん食べられるものでもないし、第一紅生姜だらけ、紅生姜まみれの牛丼はうまくない。

ぼくとしても、さっぽろラーメン屋のおろし生にんにくほどの情熱は、紅生姜に対しては持てないのである。

ではタダ界の傍流、レストランのカレーライスについてくる福神漬、らっきょう、しその実軍団はどうか。

これらに対しては、ぼくは俄然、再びおろし生にんにくに対するほどの情熱がわきあがってくるのを覚える。

これらは、たいてい三つに仕切ったガラス容器に入れられて出てくる。

レストランなどでは、この容器がテーブルに置きっ放しになっているということはない。

カレーを注文すると、カレーについてくるのである。

このついてくるという表現は非常に微妙で、その解釈次第では、所有権問題もからんでくるのである。

カレーライス一皿に対して、あの容器一個がついてくるのであるが、あの内容物全部を費消していいものなのかどうか。

すなわち、あの内容物全部が、一皿のカレーライスの客の所有権に属するのかどうか。

あるいは、多数の客の共有のものとしてついてくるのか。

そこのところがいまもって判然としない。

この点で、ぼくはいつも思い悩むのである。

共有のものであれば、ぼくとしてはその一部のみを費消して、次の客のためにいくらかを残しておかなければならない。

しかし私有のものであるならば、ぼくは心おきなくそのすべてを費消することができるのである。

この問題は、店側も客側も「ついてくる」などというあいまいな表現で片づけておいていい問題ではないと思う。

この問題は、日本のカレーライス史上、ずっとあいまいにされてきたのであるが、この辺で全日本カレーライス協会あたりが、しっかりした見解を表明すべきだと思う。

私有、ということであればなんら問題はない。

だが共有という見解が示されるならば、そのときは、らっきょうの使用は四個まで、とか、しその実は小サジすり切り一杯まで、とかの標準使用量というものを明示して欲しい。

そしてその場合は、福神漬、らっきょう、しその実は、容器満杯の状態で持ってきて欲しい。

カレーを注文して、ついてきた容器のふたをあけると、福神漬ゼロ、らっきょう三個、しその実ちょびちょび、などという場合がある。

こういうとき、ぼくはもう本当に心の底から悲しみがわきあがり、次いで心の底から怒りがわきあがってくる。

「福神漬が無い」

ということは、なぜか言いづらいものである。

所有権の問題があいまいになっているからである。

「これは店のサービスなのだから『つまりタダなのだから』たとえ無くても文句を言ってもらっては困るよ」

と言われれば一言もない。

あるいは、

「これは客の共有のものであるから、どの客がどの程度費消しようとも店側は関知しない」

と言われても一言もない。

だが、もし私有のものであれば、客は堂々と抗議することができる。

その辺があいまいだから、客は福神漬がゼロでも黙っているよりほかはない。

黙って、運んできたネエちゃんを睨みつけるよりほかはない。

睨みつけられたネエちゃんは、わけがわからず、

「ン？　どうかしたの？」

という不審の視線を当方に投げかけ、

「ヘンな人」

という態度で立ち去ってしまう。

（ヘンな人ではないのだッ。福神漬がカラなのだッ。そこんとこがわからんのかッ）

と叫びたいのをぐっとこらえ、無念の涙とともにカレーを食べ始める、ということになる。

これらの紛争の起こる元凶は、すべて、あの「つ
いてくる」という表現に、店側も客側もよりかかっているところにあるのだ。

（オレ、くどいかな）

たとえば、「お昼の定食、アジフライ、味噌汁、上新香付き」とあれば、これはもうまちがいなく味噌汁と上新香が付くのである。

たまたま上新香を忘れられても、客は、

「上新香、付いてないよ」

と晴れやかに言い、ネエちゃんも、

「アラ、いけない」

と、わだかまりなく言って事態は急速に解決する。

睨み合いなどという暗い事態を避けることができるのである。

カレーライスの場合は、福神漬及びその一派が、あいまいについてくるのである。

このあたりで、この「ついてくる問題」をみんなで真剣に考え、その解決の為の努力をし、「明るく楽しいカレーライス」に向かって進んでいこうではないか。

やっぱり試食はむずかしい

試食が板についてきたら、男の料理も一人前になったといえる。

スーパーやデパートの試食コーナーで、売り子のおばさんがさし出す試食の楊子《ようじ》に、ごく自然に手が出るようになれば、その人のゴキブリ指数は高いといわねばならない。

ごく自然に手が出、ごく自然に味わい、「また今度にしよう」などと軽やかにいえる人は少ない。

たいていの人は、試食コーナーでぎごちなくなる。急に重厚になってしまう。

特におじさんは、試食を男女問題と同じように考えてしまうようだ。

「一度手をつけたら、それなりの責任をとらねばなるまい」

と考えてしまう。

だから態度が重厚になる。

「どうぞ」と試食の小皿を突き出されると、本心は食べてみたいのに急にムッとした態度をとり、

「オレをなめるのか」

とばかりに、険しい表情でおばさんを睨《にら》みつけるおじさんもいる。

試食は、食べてみておいしかったら購入するという正常な商取引である。

しかし見た目には、なにかこう、食べ物をタダで恵んでもらっているように見えないこともない。

おばさんのほうの態度にも、わずかではあるが、恵んでやっているという態度がほの見える。

そこのところが、おじさんのプライドをいたく傷つけるようだ。

「オレはそこまで落ちぶれてない」

という思いに駆られ、急に口惜しくなり、激しく手を振って居丈高《いたけだか》になったりするのである。

楊子の先の、食べ物屑のようなものに、いちいち責任をとったり居丈高になったりする必要はないのだが、おじさんというものは事を重大に考えてしまうのである。

その点、女の人、特におばさんたちには、そういうところはミジンもない。

スッと楊子に手を出し、ごく自然に、

「そうね。でも、また今度ね」

などと明るくいって、さっさと立ち去っていく。

おじさんたちは、これができない。

ぼくなどもまさにそうなのだが、スッと自然に楊子に手を出すことができない。

楊子の林立した小皿を突き出されると、一度は無意識に手を振ってしまう。

さらにもう一度熱心に勧められると、それほどまでいうなら、という態度でようやく楊子に手を出す。

手を出しながらも、

「ああ、これを食べたら、もうのがれることはできないなあ」

と思ってしまう。

食べて買わない、などということは、とんでもないことなのである。

そこには、おばさんたちには窺いしれない男のプライドとか、ミエとか、世間体とか、体面とか、さまざまな思いが入り混じっているのである。

食べ物屑のようなものに対しても、男は責任をとらなければならないのである。まさに「男はつらいよ」なのだ。

晴海の国際見本市会場で「国際食品展」というのが開かれた。

これは世界中の食品メーカーが寄り集まって、食品関連業者を相手に、製品の取引をしようというものである。

新聞の紹介記事などでは、「世界中の食品を試食してまわれるのが魅力」としてあった。

まさに、試食の本場である。

試食で苦しむおじさんにとって、修行するにはもってこいの場所である。

当然ぼくは出かけて行った。

会場の入り口で、来場者の業種を示す名札を胸につけるように指示される。

業種は、「ホテル・旅館」「商社・流通・小売り」「製造」「フードサービス」「官公庁」「その他・一般」などとなっている。

ぼくは当然「その他・一般」なのだが、「その他・一般」は見劣りがする。そこで「ホテル・旅館」を選んでつけてもらった。

これを胸につけていれば、有名ホテルのいま売り出し中の若きシェフ、と見まちがえてくれる人もいるかもしれない。

そうなれば、試食のときに何かと有利である。

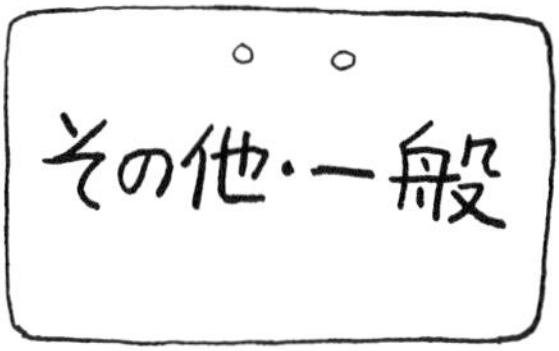

しかしこれは、いってみれば身分詐称ということもできる。

身分詐称は立派な犯罪である。立派な犯罪を犯して、ぼくは会場に入って行った。

ワイン、食肉、ハム、紅茶、コーヒー、菓子、うどん、アイスクリーム、レトルト食品……世界中のあらゆる食品関連メーカーが、製品を展示して軒を並べている。

この会場は、業者相手の見本市だから、製品を試食してOKとなったらただちに商談、期日設定、納入、という段取りになっている。

ぼくはまずハムのところに歩み寄った。ハムの周辺にチーズを貼りつけた新製品である。スーパーなどでハムを試食しても、そののちの購入はせいぜい一本である。

だがここでの試食は、そののちの購入の単位が違う。

だから係の人は、試食する人の胸の名札にまず注目する。「その他・一般」に対するときは、

目に光がないが、「ホテル・旅館」に対しては目が光り輝く。

ぼくはチーズつきハムの小片をつまんで口に入れた。シェフふうのむずかしい顔をして首を少しかしげてみせる。

「いかがでしょうか」

というふうに、係の人はぼくの口元をじっと見つめる。

「ウム、まあ、しかし、ナニのあれが、少し、そういうアレで、ナニだな」

と、ぼくはわけのわからないことをいいつつ、少しずつ後じさりして行って、それから急に足早になってその場を去った。商談不成立。

食い逃げである。

またしても犯罪を犯してしまったのである。会場に着いて、ものの二分とたたないうちに、身分詐称と食い逃げという二つの犯罪を犯して、目下逃走中という身の上になってしまったのである。

逃走をはかりながらも、次の目標を探す。

一度犯行を犯した犯人は強い。ふだん、ハムの小片にいちいち責任をとっていた人とは思えない凶暴性を発揮しだしたのである。ワインのところへ行って赤ワインを飲み、パンのところへ行ってパンを食べ、焼き肉のところへ行って焼き肉にあずかり、食後のコーヒーを飲み、アイスクリームさえ食べてしまったのである。

ここでもおばさんたちは、試食のプロぶりを発揮していた。

マーマレードのサンプルを、わしづかみにしてかっさらって行ったおばさんがいた。

ショージ君の不況対策

ケチについての話を書けという。

ぼくに、うってつけの話だから、是非書けという。

このテーマは、ぼくをおいては他にはいないともいうのである。

ぼくは、じっと唇を噛みしめた。

ぼくは今まで、自分がケチであることを悟られぬよう、用心に用心を重ねてきたつもりである。

人に五百円おごられたら、四百五十円ぐらいはおごり返すようにしていたし、葬式の香典なども、人さまが二千円包むと聞けば、千五百円は包むようにしてきたつもりである。

マージャンで負けるときなども、つとめて平静をよそおい、震える手を相手に悟られぬように片手で押さえ、賭け金を差し出すように努力してきたつもりである。

それなのに、ぼくはケチであることを見破られた。

見破られたからには、もはや隠し立てはしない。開き直ってケチについて書かねばならぬ。

折しも不況到来の色濃い年の暮れ、ちょうど数日前の新聞に、主婦連だかなんだかの主婦が、経企庁長官だか次官だかの前に、スキヤキの材料を生《なま》で並べ立て、いかに物価の上昇が激しいかを訴えたという記事が出ていた。

スキヤキの材料を生で並べると、なぜ値上がりの実感がわくのか、そのへんのくわしいことは失念したが、不況下のスキヤキ鍋《なべ》というのは、なんとなく実感があることはある。

そこでぼくも、不況の実感を肌で感ずべく、自らスキヤキ鍋を作り、これを賞味しつつ、この文章の構想を練る、ということを思いついたのである。

ぼくはサンダルを突っかけ、スキヤキの材料を購入すべく、不況の風吹き荒ぶ町へ出かけて行った。

スキヤキの材料は、別に法律で定められているわけで

はないが、ネギ、春菊、シイタケ、焼豆腐、シラタキ、牛肉ということになっている。

なぜこうなったのか？　ということに疑念がわかないでもなかったが、ここではスキヤキ鍋に関する文章を書くわけではないので、その疑念は、また後日晴らすことにして、とにかく町へ出かけて行った。

これら全部の材料を購入するには、肉屋、八百屋、豆腐屋を廻らねばならぬ。

そこでぼくは、これら商店の配置図を頭に浮かべ、歴訪の順序を定めた。

順序としては、肉屋を一番最後に訪問するのがその配置からいって妥当なのであるが、それでは本鍋物の主役たる牛肉に、礼を失することになる。

礼を重んずるぼくは、迷うことなく、まず最初に肉屋を訪問することにした。

店頭にたたずみ、スキヤキ用牛肉と名づけられた変り果てた牛の姿に目を注いでいると、その上段に、巨大な肉片があるのを発見した。

ステーキ用の、馬のワラジほどもある大きさの肉片である。

馬のワラジといっても、昨今の若い読者にはわからぬかも知れないので、別の表現をすると、ちょうどジャイアント馬場の、十六文キック用のプロレスシューズほどもある大きさの肉片である。

十六文というと、昨今の若い読者にはわからないかも知れないが、これ以上の説明は割愛させていただく。

その巨大な肉片の、値段のところに目を注ぐと、五百円と出ている。

こんな巨大なビフテキを、レストランなどで食べれば、何千円するかわからない。

それがたったの五百円である。

ぼくはただちに、スキヤキ作製の計画を中止し、ビフテキ作製に計画を変更してしまったのである。

そこでぼくは、陳列ケースの向こう側にいる女性店員に、この巨大な肉片を購入する決意をした旨を告げた。
彼女は、その肉片を重々しく持ち上げ、ハカリにかけ、しばし考えたのち、この肉片は千五百円の価格に相当する旨を、ぼくに告げたのである。
ぼくは仰天した。
いかに値上げの激しい時節とはいえ、五百円が瞬時にして千五百円に値上がりしたのである。

だが、よく落ちついて値段のところを見ると、百グラムについての値段であった。

ぼくはただちに、この肉片を購入する決意が、急速に衰えた旨を伝えようと女性店員の方を見た。まずいことに、この女性店員は、たぐいまれな美貌を有していたのである。

美女にだけは、ケチと思われたくない。

その美しい顔を見ると、ぼくの、この肉片を購入する決意が急速に衰えた旨を伝える決意もまた急速に衰え、黙ってうなずき、千五百円なりを払い、その肉片をずしりと受けとり、もはや八百屋も豆腐屋もあったものではなく、すっとんで仕事場に戻り、まるで仇《かたき》に対するがごとき表情で、ジュウジュウとその肉片を焼き始めたのである。

不況を肌で感じつつ、ケチに関する文章を書き上げねばならない身の上でありながら、店頭価格千五百円なりのビフテキを食べなければならない破目に陥ってしまったのである。

このような、王侯貴族の食品を賞味しながらでは、とてもケチに関する文章など書けるものではない。

ぼくは半ばやけくそ、半ばうれし涙でその巨大な肉片を平らげてしまったのである。

あまつさえ、ビールの小ビンまで飲んでしまったのである。

ぼくは、非常に優雅な気分になり、店頭価格千五百円なりのビフテキを食ったからには、これからはかのオナシス氏とも対等につきあえるのではないか、などという感慨をさえいだいているところなのである。

歯の間にはさまった、肉片の残骸を、楊子でほじり出しつつ、地中海に浮かべるヨットの設計をしようかとさえ考えているところなのである。

かかる身分で、ケチに関する文章を書かなければならないのだ。

ケチであるか、ケチでないかは、お金の所有量と、その消費量のバランスの問題に還元される。

お金の絶対量が少ない人が、お金を使わないのは、これはケチではない。至極当然の帰結である。

問題は、お金の多少ある人である。

世の中の大部分の人は、この「お金の多少ある人」に該当する。

お金の多少ある人は、お金の使い方のコントロールに神経をすり減らす。

ぼくは、世の中の人の大部分は、本当はケチであると思っている。

ケチと思われるのが嫌さに、仕方なくお金を使うのだと思う。

この場合は、このぐらいお金を使えばケチと言われぬだろう、ここでは、このぐらい出せば、まあまあ妥当だろう、といったことに神経を使う人は、ケチとは言われないのである。

ケチと言われる人は、人にケチと言われても平気な人のことである。

つまり信念の人なのである。

だから、ケチの人は、物静かな人が多い。

ガサガサした落ちつきのないケチというのは少ない。みんな物静かで、落ちつき払っている。ケチな人は、信念の人だからである。

対人関係におけるお金の使い方もむずかしいが、個人的なお金の使い方も、またむずかしい。

海外旅行をしたことのある人は、みな経験があると思うが、限られた旅費を限られた期間に、まんべんなく、しかも効果的に使うのは、非常な苦労を要するものである。

旅行の疲れの半分ぐらいは、金勘定の疲れである。

ホテルに戻ると、まず財布を取り出し、いくら減っていくら残っているかを勘定し、残額を残る期間で割り、これからの一日の消費量を計算する。使い過ぎたといってはおびえ、またあまりにケチすると、せっかく高い旅費払って出かけてきたのに、これでは楽しみが半減しているのではないかと思ってまたおびえる。

旅行も後半ともなれば、ある程度の見通しと、ふんぎりもついてくるのであるが、特に前半は、このおびえが激しい。

旅の楽しさどころではない。

長い人生におけるお金の使い方も、これと同じだと思う。

もっと卑近な例では、カレーライスの場合がある。

ぼくはいつも、カレーライスを食べ終るとヘトヘトになってしまう。

カレーライスは、これまた法律で定められているわけではないが、ゴハンとカレー汁と福神漬（もしくはラッキョウ）によって構成されている場合が多い。

そしてこの三者は、常に一定の量しかない。

ぼくはいつもカレーライスを食べ始める前に、まずこの三者の比率をつくづくと眺め、食事開始から終了にいたるまでの、綿密な配分計画を立てる。

一口分のゴハンに、どのくらいの量のカレー汁をかけたら、万べんなく、カレー汁をまぶしたゴハンを食べつつ無事食事を終了することができるか、ということに心をくだくのである。

前半にカレー汁をかけ過ぎて、後半、ゴハンだけを、おかずなしで食べなければならない破目に陥ってしまうことだってある。

一口食べて、今のカレー汁の量は多すぎなかっただろうか、と反省し、二口目は、カレー汁の量を減らし味気なく食べ、三口目は、少し余裕ができたのではないかと考え、今度はタップリとかけ、また反省し、四口目は福神漬だけでゴハンを食べる。

一口ごとに反省と悔恨に責めたてられ、五口目あたりで、すでにかなりの疲労を覚えるのである。

むろん、このカレーライスは美味であるかどうか、という問題について考える余裕はない。

ゴハンの量と、カレー汁の配分問題で頭はいっぱいなのである。

前半を終了した時点で、もう一度カレーライスをつくづくと眺め、三者の配分状況を再検討し、後半の計画を練る。

カレーライスに水がついてくるのは、ときどき食事を中断して配分計画を練り直すときのためのものであると考えられる。

この配分計画のとき、心が落ちついていなくては、綿密な計画など立てられるものではない。水は、心を落ちつかせるための鎮静剤として用意されているものと考えられる。

さて半分になったカレーライスをつくづくと眺めると、カレー汁は消費の度合がややオーバーではあるが、福神漬にかなりの余裕をもたせてあるから、その分は福神漬で補うことができるであろう。

いざとなったら、テーブルの食卓塩をかけて食べる、というテだってある。

これで一応老後の見通しもついた。

と見きわめをつけ、ホッと安堵《あんど》のため息をつき、やおら後半のカレーライスに取り組むのである。

ここで事態を更に複雑にさせるものは、カレー汁の中の肉片である。

カレー汁の中に、肉片が三個の場合は、前半に一個、中盤に一個、終了時に一個を残しておいて肉をシミジミと味わう、という計画を立てねばならない。

しかし更に事態を複雑にさせるものがまだある。それは肉片の大小の問題である。

一番大きいのを最初に食べてしまうか、あるいは最後に残しておくべきか。これまたよくよく考えなければならない問題である。

考えれば考えるほど頭は混乱し、紛糾の度合は増すばかりである。

一口食べては反省し、二口食べては老後におびえ、三口食べては計画を練り直し、かくして食事終了時には、心身共に疲れきってヘトヘトになり、這《は》うようにしてレストランを出てくる、ということになってしまうのである。

たかがカレーライス、と馬鹿にしてはいけない。カレーライスは、このように恐ろしい食物なのである。

ぼくの友人に、非常におおざっぱな人間がいる。

彼は、カレーライスを食べるとき、いつも前半に大量のカレー汁を消費してしまう。

ぼくは、いつもそれをハラハラしながら見ている。

そしていつも、前半にそのように大量のカレー汁を消費してしまっては、後半きっと辛《つら》い思いをしなければならなくなるぞ、という趣旨の忠告を与えようと思うのだが、彼は彼なりの人生観に基づいてカレーライスを食べているのであろうと考え直し、忠告するのをやめてしまう。

そうして結局、彼はいつも、後半、ゴハンだけをまずそうに食べるのである。

彼の老後が、目に見えるようだ。

「せこい」の研究

居酒屋に行く。

居酒屋にもいろいろランクがあって、庶民派といわれた小泉純一郎元首相が愛用した焼き鳥屋から、千円でべろべろになるまで酔える中島らも氏提唱のせんべろの店、そして酒場詩人吉田類のテレビ番組に登場するミドルクラスの居酒屋まで。

吉田類クラスの居酒屋、ということで話をすすめたいと思う。

類クラスの居酒屋は、いわゆる銘酒といわれる日本酒を揃えている。

「大吟醸〆張鶴」とか「獺祭」とか「菊姫山廃仕込純米酒」とか。

このクラスの酒は、一合千円以上する。

吉田類で話をすすめます。

吉田類がノレンの中をちょっとのぞいてから店の中に入っていく。

いずれ都庁の前に建つであろう銅像
(中国服に注意)
せこい偉人の像

そしてビールや酎ハイなどを飲んだあと、「大吟醸〆張鶴」を飲むことになる。

このクラスの酒は高級仕掛けで飲むことになる。

すなわち、一合枡の中に小ぶりのグラスが入れてあって、店のおやじが一升瓶からそのグラスに酒を注いでいく。

ガバッとではなく、チビチビ、おそるおそる、びくびく。

びくびく注いでいって、やがてグラスは満杯となる。

ここで一拍あって、そのあと、おやじはグラスから酒を溢れさせ始める。

類、注目。

テレビを見ているわれわれも凝視。

ここでゴクリと喉を鳴らして生ツバを飲みこむ人もいる。

おやじは酒をびくびく注ぎ続け、酒はグラスの外側を伝わって枡の底に至り、少しずつたまっていってやがて上昇を始める。

枡の中の酒の表面が、枡の中程のところまで上昇したあたりで、

「ふつう、このあたりまでだよナ」

とテレビを見ている人は思い、類もそう思う。

ところがおやじは注ぐ手を止めない。

ついに枡から酒がこぼれ始める。

類も視聴者も思わずおやじの顔を見る。

驚きと尊敬の入り混じった目差しで見る。

たったこれだけのことで、店のおやじは、太っ腹で、大人物で、人格者で、英雄で、高邁な精神の持ち主である、という評価を全国民から受ける。

日本の居酒屋の常識からいえば「グラスからこぼす酒の量は枡の中程まで」なのに、この店のおやじは枡から溢れさせたのだ。

その豪胆ぶりに全国民が感動したのだ。

この話は美談として人々に語りつがれていくに違いない。

枡の中程から枡の上面に至った酒の総量はおそらく8mℓぐらいに違いない。

ここで少し冷静になってこの美談を振り返ってみましょう。

何というせこい話ではありませんか。

美談どころかせこい仕立ての話ではないでしょうか。

昔は一升酒を飲む人はざらにいた。

それがたった8mℓの話ですよ。

一合枡から酒をちょびっとこぼしただけの話。

その人がたちまち英雄になる国なのです。

日本人はいかにせこい民族であるか、ということの一端がこの事実によって証明されたのである。

つい最近まで、日本人は舛添元都知事を「せこい」と嘲笑っていた。

たしかに彼はせこさに関する才能があった。

自分が起こした数々のせこい事件を、せこく弁明する才能があった。

せこ弁（せこく弁明する才能）の、不世出ともいえる天才であった。

だが彼は果たして〝不世出〟だろうか。

不世出には、めったに世に現れない、という意味がある。

だが、たったいまご報告に及んだ「一合枡事件」でもわかるように、日本人は全国民的にせこいのである。

日本人はせこ天（せこさの天才）だらけなのだ。

特に居酒屋はせこ天だらけなのだ。

せこ天がイカ天で一杯やっていたりする国なのだ。

ここでぼくは、日本の居酒屋のもう一つのせこい事実に気づいてしまった。

さっきの太っ腹で大人物の店主が「大吟醸〆張鶴」を溢れさせたあの一合枡、あの枡は本当に一合入りの枡なのだろうか。

もしかしたら、正規の一合枡ではなく、店が独自に作った一合未満の枡なのではないか。

いや、わかってます。

こういう疑問自体がすでにせこいってこと。

でも、みなさん、そのことを知りたいのではないですか。

どうなんだ？　そのへんのとこ、と、身をのり出したのではないですか。

ぼくの手元に、行きつけの店の、店名の入った一合枡が2個あります。

よく見ると2個の大きさが違う。

そしてどう見ても両方とも一合枡にしては小さすぎる。

そこで台所からメジャーカップを持ち出してきました。

何だかどんどん話がせこくなっていってるような気がするのですが、この情熱を買ってやってください。

ぼくの予感は当たりました。

2個とも一合未満。

そのうちの1個は何と一合の半分。

この店の店主もせこいが、量ってるぼくもせこい。

「いくら何でも半分とはひどいじゃないか」

と怒ってるところもせこい。

と、このように、自分では気づかずに、知らず知らずのうちにせこいことをしていることとって、もっともっとたくさんあるのではないか。

舛添さんをあんなに「せこい」「せこい」と叩いたのも、舛添さんのあれらの行動の中に、自分を見出していたからではないだろうか。

と、ぼくはいま反省しています。

自分の中の〝舛添的行動〟とは。

そう、今朝も自分は舛添だった。

いや、舛添以下だった。

歯を磨こうとしていた。

歯磨きのチューブを何気なく押すと歯ブラシの上に4センチほどが出てしまった。

明らかに出し過ぎである。

2センチは余計に出している。

何とかならないか。

このときの残念な思いは思いのほか強い。

一度チューブから出た歯磨きは絶対に元に戻すことができないことは誰もが知っている。

それなのに「何とかならないか」と思ったところがせこい。

「何とかならないか」と2秒ほど迷ったのだが、その2秒がせこい。

2秒迷ったのち、どうにもならないことがわかり、

「ま、いいや、たまには贅沢に使ってみるか」

と、その4センチのまま使ったのだが、2センチだけ余分の歯磨きを〝贅沢〟ととらえたところがせこい。

せこい、と気がついたところがせこい。

あれはおとといの夜のことだった。

一人で食事をしていて、手がすべってテーブルの上に味噌汁椀を引っくり返した。

豆腐とワカメと油揚げの味噌汁だった。

こぼれた味噌汁は直径20センチほどの輪になって、今しもテーブルのフチのほうに流れていこうとしている。

テーブルの下は絨毯だった。

テーブルのフチのところから、いままさに味噌汁が具とともにしたたり落ちる寸前だった。

「布巾を」

と咄嗟に思ったが、テーブルの上に布巾はなくティッシュの箱があった。

「とりあえずティッシュで」

と思った。

「マーフィーの法則」に、

「咄嗟の出来事に対応しようとして取り出すティッシュの枚数は必要な枚数より常に少ない」

というのがある、かどうか知らないが、ぼくにはこの法則は当てはまった。

ぼくは咄嗟に「直径20センチの味噌汁の輪（含む、豆腐、ワカメ、油揚げ）」を拭き取るのに必要なティッシュの量を考えつつ、一回、二回、三回、四回、計五回、ズルズルとティッシュを箱から引きずり出した。

五回で計十枚、そんな枚数では足りるはずがなかった。

後で数えると三十枚（ズルズルを十五回）が必要だったのだが、ぼくには最初いっぺんに十五回ズルズルを敢行する勇気はなかった。

足りないだろうということはわかってはいたのだが、いきなり十五回はどうしても出来なかった。

そのときつくづく、

「オレってせこいなあ」

と思った。

思ったものの、そのことで自分を責めたりはしないところがせこい。

次回、再び味噌汁をこぼしたときも、いっぺんに連続十五ズルズルはできないと思っている。

「マーフィー」の指摘はさすがにスルドイ（指摘してなかったっけ）。

「いつのまにかせこい」ということもよくある。

自分ではちっともせこいとは思っていなくて、ごく自然にふるまった言動が、実はすごくせこい、ということがよくある。

「どこに住んでるの？」

というような話題は日常的にある。

「東横線です」

というようなことになり、「何駅？」ということになり「駅からどのぐらい？」というような展開になり、

「七、八分かな」

ということになる。

実際は八分なのだ。

七という字をくっつけてたった一分ごまかす。

八分を七分と言ったところで、聞いているほうはどっちでもいいのだが、言うほうは一分でも駅に近いほうを採りたい。

「急いで歩けば六分てとこですかね」

などと余計なことまで言う。

「こないだ遅刻しそうになったときは必死こいて五分だったたですけどね」

と、しつこい。

ぼくの実家は八王子で、ＪＲの八王子駅からかなり遠い。

駅から歩いて二十五分かかる。

「エ？　二十五分も」

と、大抵の人に驚かれる。

だが実際にふつうに歩くと二十七分かかる。

何十回も実際に歩いて確かめているので二十七分は間違いないのだが、人に訊かれるとどうしても二十五分と言ってしまう。

この「少しでも駅に近いわが家幻想」というのは「全国民的願望幻想」なので、その正否について人々は寛大である。

「駅から十分」と聞けば、「駅から十三分だな」と解釈する習慣ができあがっている。駅からの距離を一分でも近く言おうとする気持ちは、明らかに舛添的せこさに通じるものがある。

同じせこさでも、大きいせこさ、と、小さいせこさ、があって、舛添的せこさは常に小さいほうのせこさで、せこさの大きさは小さいほうが大きい。

だから、さっき「駅から何分？」と訊いて「十分」と答えられ「すると十三分だな」と解釈した人の度量は一見大きいように思えるが実は小さいほうのせこさで、せこさの大きさで言うとうんと小さいほうのせこさということになるから大きいせこさということになる。

つい先日もこういうことがあった。

ビアガーデンでビールを飲んだ。

おつまみに枝豆を取った。

枝豆は店によって量が違う。

ビアガーデンは席に座るとまずビールがくる。

そのあと枝豆がくる。

生ビールをゴクゴク飲みながら、チラと枝豆を見る。

枝豆を見る、というより枝豆の量を見る。

皿の上にパラパラ、という店もあるからだ。

幸いにしてその店の枝豆の量は多かった。

小山になっていた。

安心して、ゆっくりと枝豆を食べ、ビールを飲んでいた。

枝豆の殻用の小皿があったが、それは使わずに、枝豆を盛った皿の片隅に置くようにしていた。

それがいけなかった。

「これ（枝豆の皿）、お下げしてよろしいでしょうか」

という声がして、ぼくが「あ……」とか「そ……」とか言ってる間に女性店員はさっさとその皿を持ち去ったのである。

殻の山の中に三粒、実入りの枝豆があったのである。

それははっきり覚えている。

ジョッキの中のビールの残量と、三粒の枝豆の配分を考えながら飲んでいたからである。

三粒の枝豆も惜しかったが、そのとき、あわてふためいて取った自分の態度が恥ずかしかった。

取り乱して椅子から立ち上がって中腰になり、溺れた人が両手で水面を掻くような仕草をしたのだ。

たった三粒の枝豆のために……。

そういう自分を、せこい、と思うより、その店員を、憎い、と思うほうが先だった。あとになって、せこい、より、憎い、が先にきた自分をせこいと思うようになった。

ここでぼくは考える。

一体「せこい」はいけないことなのだろうか。

「せこい」は、けちくさい、みみっちい、と辞書に出ている。

だったら、省エネの時代、エコの時代の時代精神から言うと、人に非難されるような性質のものではなく、むしろ美徳として誉め称えられてしかるべきものではないのか。

舛添さんはそのせこさが非難された。

と思われているがぼくはそうは思わない。

自分の行った数々のせこさの弁明があまりにせこいので、そのことを人々は非難したのだ。

あの弁明が素直だったら、あれほどせこくなかったら、人々はあんなにも彼を非難しなかったはずなのだ。

と、このように人のことをとやかく言う前に、この文章を書いている自分はどうなのか。「せこい」などというせこいテーマで一回分の話を書こうなんて考えることがすでにせこい。

2章 とにかく安い店編

憧れの定食食堂

人は食事をする。外食もする。
どんな店で食べるか、それが問題だ。
ホント、大問題です。
なにしろ毎日のことであるから毎日悩む。
ぼくは昼食は外食と決めているので毎日悩むことになる。
今日はどこで何を食べるか。
フレンチかイタリアンかという選択ではなくて、牛丼屋か定食屋か、という選択。
本音を言えば迷わず定食屋。
牛丼屋はメニューの選択の幅が狭いが定食屋には何でもある。
それに堅苦しくないし、くつろげるし、安心だし、値段が安いし……。

「定食」という言葉も好き。

「定食」と聞いただけでもうすっかり安心しているのに、それに「屋」を付けて「定食屋」となると、もう矢でも鉄砲でもアジフライでも納豆でも何でも持ってこいというぐらい気が大きくなる。

ちょっと高級な和食ファミレスあたりだと「刺身御膳」とか「天ぷら御膳」などという言い方をするわけだから定食屋でも「めざし御膳」とか「アジフライ御膳」という言い方をしてもいいのに、きっぱり「めざし定食」「アジフライ定食」。

そういう謙虚な姿勢も好き。

どんな分野にもファンはいる。

サッカーファン、歌舞伎ファン、宝塚ファン、定食界にもファンはいる。

だいたいサラリーマンでおとっつぁ

んで懐が暖かくなくて、という人種で、宝塚ファンとはちょっと違うが熱心さという点では宝塚ファンにヒケを取らないと言われている。

こういう定食屋ファンのおとっつぁんたちの間で密《ひそ》かに、しかし熱く語り継がれている名店がある。

いわば定食屋ファンのメッカ。

一生に一度は行ってみたい、ファンの誰もがそう思い、ぼくもまたずうっとそう思い続けてきた店の名は吉祥寺の「まるけん食堂」。

吉祥寺で50年以上にわたり愛され続けてきた名店中の名店である。

名前がいいじゃないですか、「まるけん」なんて。

意味はわからないがいい意味に決まってる。

これまで憧れつつも一回も行ったことがない理由はただ一つ、場所が不便ということだった。吉祥寺駅から歩いて十分。

定食屋というものはわざわざ遠出して行くところではない。

そのうち、そのうちと思いつつすでに十数年、つい三日前、ついに行ってきました。

想像どおりの理想郷でした。

今回はその報告です。

とりあえずメニューをアトランダムに書きます。

ハムエッグ　２００円
オムレツ　２８０円
シラスおろし　１００円
オヒタシ（ほうれん草）　１００円
納豆　70円

生玉子　50円
カレーライス　４８０円
目玉焼　２００円

ここまで読んできて興奮しませんでしたか。

ぼくは興奮しました。

ぼくには「安いと興奮する」という性癖があるので「オヒタシ　１００円」のあたりで興奮が極に達したのだが、興奮しなかった人は、ただぼんやりと、何も考えないで読み流したのではないですか。

いいですか、今どき、ですよ、今どき100円。
シラスおろしは大根おろしもついていてそれでいて今どき100円。
定食で言うと、
カキフライ定食　500円
アジフライ定食　500円
サバ味噌煮定食　420円
コロッケ定食（2個）　420円
もう、書いていて、かたじけなさに涙がこぼれヨダレもこぼれる。12時半ごろに行ったのだが店は満員。外で立って待ってる人さえいる。
定食屋の誠意は味噌汁の熱さでわかると言われているが手で持てないほどアツアツ。
ぼくは定食屋に行ったらメインは「サバ味噌煮」と決めている。
この日も当然「サバ味噌煮定食」でいくことに決めていたのだが、そのことを店の人に言う前に、一度、「『サンマの開き定食』もわるくないな」と思うことにしている。
「サンマの開き定食」も検討したのち、
「やっぱり『サバ味噌煮』だな」
と思い直してサバのほうを食べると、検討しなかったときより断然サバ味噌煮がおいしく感じられるからである。

こうした心理的な工夫を加えながら食べるのが定食屋で食事をするときのコツであることを、ぼくは長年の定食屋人生で学んだ。

定食屋の魅力はその安さにあることは言うまでもない。

だがそれだけでは50年以上も名店であり続けることはできない。

定食屋のほとんどは夫婦二人で経営しているところが多い。

その人柄が料理のどこかに表れていて、その人柄も味の一つになっている。だが定食屋の主人のほうは厨房にこもりっきりなのでその人柄はわかりにくい。

目玉焼き定食を注文した人がいたらしく、

「目玉焼き定食を注文したのはどちらさんですか」

と言いながらご主人が厨房から出てきた。

60がらみの温厚そうな人である。

「目玉焼きのここんとこ破れちゃったんだけど、かまいませんか」

と、わざわざ厨房から聞きに来たのだ。

ご主人の人柄、了解。

実直一筋貧乏な王侯の群れ
新宿西口食堂街

お食事は雰囲気が大事だといわれる。

壁にかかった名画、けだるく流れるムードミュージック、真っ白なテーブルクロス、一輪差しには赤いチューリップ、銀のスプーンに銀のフォーク、こういう雰囲気の中で食事をすると、大変おいしく食べられるそうだ。

食べたものも、すみやかに血となり肉となりそうだ。

すべからく食事をするときは、こういうふうにいきたいものだ、という人もいるそうだ。

だがね。

こういう雰囲気の中では、気まずくてちっともメシがうまくない、という人もいるのだよ。

ぼくの理想とする食事の雰囲気は、なんといっても定食食堂だなあ。うす暗い定食食堂の、一番はじのカウンターに壁に向かってすわり、何カ月か前の週刊誌をバリバリ広げ、「さあて！」という感じでハシを割る。

週刊誌を広げるとき、なぜバリバリという音がするかというと、ミソ汁やらゴハン粒やらラーメンの切れはしなどで、紙がくっついているからなのである。

そいつを一枚一枚はがしつつ、「ホー！　藤純子は引退して尾上菊之助と結婚するのか」などと感心しつつ黙々とゴハンを口に運ぶ（こういうところの週刊誌はとんでもなく古いのがあったりするのだ）。ミソ汁をゴクリと飲む。おいしい！　食べたものが、すみやかに血となり肉となる。

新宿の西口食堂街も雰囲気としては最高ですな。

目の前には、名画の代わりに「品書き」がズラリと並んでいる。

「鯨ベーコン八十円」「いか丸焼百三十円」「レバ野菜炒め百十円」「メザシ七十円」などと、一流レストランでは絶対にお目にかかれないメニューがびっしり並んでいる。

これらを、一つ一つ鑑賞しながら食事をする。

「一輪差しの赤いチューリップ」の代わりには、巨大なソースのビンが立っている。

これを愛《め》でつつメザシをかじる。

「けだるく流れるムードミュージック」の代わりに、「ラッシャイ、ラッシャイ」「安いよ、安いよ」の掛け声が、気ぜわしく流れてくる。

食欲が増進する。

夕刻七時ごろの客は、その殆どがサラリーマンである。

みんなキチンと背広にネクタイをしめている。若いのが多いが中年もかなりいる。

こういうところで一人晩めしを食べて帰る中年サラリーマンとは、一体どういうサラリーマンであろうか。

同じ時刻、銀座や赤坂あたりでは、鯉のあらいやら、ブルゴーニュふう子牛の赤葡萄酒煮などをつまみつつ、スコッチをあおっているサラリーマンもいようというのに、こちらはイカの丸焼きをかじりつつ水をあおっているのである。

当然ながら、ここにひしめいて食事をしている諸氏は全員実直そうである。

実直一筋で、人生を生き抜いてきた人ばかりである。

ここに群れ集う同士を糾合《きゅうごう》すれば、ただちに全国実直大会を開催することも可能であると思われる。

どの店もせいぜい三坪、大体六畳一間の広さである。

この六畳一間には調理場もついている。

そこへ約十五人の客が詰めこまれるのである。

肩をくっつけ合って、どころではなく、肩を重ね合って全員黙々とメシを食っている。ミソ汁をゴクゴク飲んでいる。

おしんこをポリポリかじっている。

定食屋では、酒類はいっさい置いてない。どの店もそうである。

お酒のほうは焼鳥屋で、ということになっているらしいのである。

夕方七時に、メシを腹一杯食べてしまうような人は、お酒は飲まないだろう。

なにしろ実直者の群れだから、このあとすぐ家に帰って寝てしまうかもしれない。

この食堂街の、焼鳥屋のほうは、三人、四人というグループで来る人が多いが、定食屋のほうは殆ど一人で来る。単身赴任である。

一人で来て一人で黙々と食べ一人で帰ってゆく。うしろ姿がなぜか寂しい。

一軒の定食屋に入る。

人ごみを搔き分けてやっとすわる。

「メシはふつう?」

と、いきなり訊《と》いかけられる。

壁を見ると、「ごはん、大八十円、中七十円、並六十円、小五十円」とある。

四段階に「微調整」してあるのだ。

「じゃ、大いくか。それとネ、ひじきといか煮つけとタラコとおしたしと鯨カツと大根おろしと納豆とおしんこと味噌汁ね」

わが夕食は豪華八品目である。

ごはんだって一番上の「大」である。

王侯の気分とは、まさにこのことであろう。

おかずの下に首をつっこんで食事中
お二階へどうぞ

豪華な食事をセカセカと貧乏人ふうに食べ終わった王侯は、ゆったりと王侯ふうにこうたずねた。

「いくらかね？　オニイサン」

オニイサンは、皿の残留物をのぞきこんで調べる。

皿がみな同じだから確認の作業が手間どる。

ましてこの王侯は、いやしい王侯だから残留物など殆どない。

オニイサンは、皿の隅にあった一粒の赤い粒を見つけ、「ウム、これはタラコね、百三十円。エートそれから……」

合計五百二十円。

王侯は満腹して今度は焼鳥屋のノレンをくぐる。

ビール百八十円、二級酒百二十円。特級酒百八十円というのもある。

ヤキトリを頬ばりつつ、気取って特級酒を飲んでいる若い二人づれのサラリーマンがいる。

話の内容から察すると、どうやらエリートの人らしい。

「バカ。こういうとこで特級酒なんか飲むな。特級酒を飲むなら他の店へ行け。バカ」

大冒険、かけうどん

一

かけうどんを食べてみようと思いたった。

なぜ、いま、かけうどんか。

かけうどんを食べるということが、大冒険であるということに気づいたからである。

なぜかけうどんが大冒険か。

かけうどんを食べるには多大なる勇気と決断と、何ものをも恐れぬ剛胆、不屈の精神を必要とするからである。

いま仮に、キミが、そば屋に入ったとする。

とき、あたかも昼食時《じ》。

人々すべて肉体空腹時。

そういうときにそば屋に入って行ったとする。

そば屋は、ま、ありきたりのそば屋で、そば、うどん、カツ丼、天丼、カレーにラーメンなんてのもあるごく普通のそば屋としよう。

店内は、通常サラリーマン、銀行ＯＬ、及びおじん、おばんなんかで混雑しているはずだ。

キミは、その中で「できますもの一覧表」を見あげる。

かけうどんは、その一番右側に、

（一応書いてはおくけど、まさかこれを注文する人はいないだろうな）

という、ひかえめというか、不貞くされたというか、そういう態度で位置しているはずだ。

野球なんかでいえば、トップバッターは、虎視たんたんと一塁を狙って、小粒ながらも勇猛果敢、俊足機敏、キビキビした雰囲気があるのだが、そば屋のトップバッターにはまるでそれがない。

（とにかく見逃してやってちょうだい。できることなら次へ移ってちょうだいね）

という負け犬的姿勢でボックスに入っているのである。

ざわめく店内、行き交う天丼、カツの残骸、カレーの香り、その中でキミは叫ぶのだ、

「かけうどん！」

と。

キミにはあるか、この勇気が。

そば屋のネエちゃんは、めったに耳にしないこの注文に一瞬耳を疑い、目も疑い、鼻も疑い、もう一度聞き返すだろう、

「え？　なんですか」

と。

キミはもう一度、更に声を張りあげて叫ばなければならない、

「かけうどん！」

と。

キミにはあるか、この勇気が。

銀行ＯＬは一斉にキミを見、通常サラリーマンは横目で睨み、おじんおばんは、（いまどきそんなもの食う人間がおったのか）と、驚きのあまりバッタと箸を落とす。

たとえばこれが、かけそばであったならまだ多少の救いがある。

（ウム、なるほど。本当のそば好き、という奴かも知れない。いまどきめずらしい青年）

と、むしろ人々の賞讃の視線を浴びるかも知れないのである。

だが、かけうどんには救いがない。

人々はまず「貧」という字を思い浮かべ、つぎに「乏」という字を思い浮かべ、更に「窮」という字を思い浮かべるにちがいないのである。

ぼくはこれをやってみよう、と思いたったのだ。

これを大都会の中の大冒険といわずしていったいどこに冒険があるというのだ。ドン。（興奮して机をたたいた音）

人々の軽蔑の視線を浴びながら、昂然と顔をあげて叫ぶのだ、

「かけうどん！」

と。

しかも二回叫ぶのだ、

「かけうどん！」

と。

できるか、キミにこの大冒険が。ドン、ドン。

と、まあそういった決断をしてぼくは、そば屋に向かったのである。

そば屋に向かう道すがら、やはり逡巡はあった。後悔もあった。

いくらなんでも、いまどきかけうどんはひどすぎるのではなかろうか。

かけそばで勘弁してもらおうか、とも思った。

だが、勘弁できぬ、という声も聞こえてきたし、それでは大冒険にならないではないか、という声も聞こえてきた。

ぼくはそば屋の戸を開けた。

人々はみな、肉体空腹時であるゆえ、店内は相当の混雑をきたしていた。

むろん、銀行ＯＬらしき一団もいたし、東京ガスＯＬらしき一団もいた。（うちのそばに、東京ガス西荻窪支社があるのだ）

空席（1）は、東京ガスＯＬ（3）の中にしかなかった。

当然ぼくはそこにすわることになった。

このことによって、これからぼくがやろうとすることは、単なる大冒険ではなく、植村さんの南極犬ぞり大横断に匹敵するぐらいの「世紀の一大快挙」となったのである。

たとえば、老婆（3）の中でなら、わりにゆうゆうとかけうどんを注文できるし、またその摂取も容易である。

老婆（3）になら、貧と思われようと乏と思われようと窮と思われようとそれほど痛痒は感じない。

老爺（3）でも同様であろうし、おじん及びおばんで（3）も事態は変わらないと思う。

だが、それがOL（3）となると事態は一変する。

しかもそれが東京ガスともなれば、これはただごとではない、ということになるのである。

東京ガスOL（3）に、貧と思われ、乏と思われつつ、声高らかに、

「かけうどん！」

と二回叫び、叫んだのちこれを摂取しなければならないのである。

ネエちゃんがやってきた。

ぼくは、ささやくような声で、

「かけうどん!」

といったのである。

ネエちゃんはうなずいてくれた。

一度でうなずいてくれたのである。二度叫ばずに済んだのである。

いいネエちゃんなのである。

いいネエちゃんは調理場の入口のところに行き、何事か内部に向かって叫んだ。

すると意外なことに、調理場内部から何事かを叫ぶ声が聞こえ、その何事かを理解したネエちゃんはぼくのほうに向き直って、

「あの、熱いのですか」

といったのである。

ぼくはこの言葉の意味を理解するのに苦しみ、なぜか中腰になって伸びあがり、納得がいかないまま、

「あの、熱いのなんですけど」

と恐る恐る申し述べると、意外にもネエちゃ

んは深くうなずき、何事かを調理場内部に向かって叫び、調理場内部も何事かを理解したらしく、その周辺一帯は平常に戻ったもののようであった。

（なんだかよくはわからぬが、一応事態は収拾されたらしい）

と、ぼくもホッとし、東京ガスＯＬ（３）の一角で安堵のため息をつきつつ額の汗を拭った。

（なんだか、大冒険という勇壮な感じとは少し違うなあ）

額の汗を拭いつつ、かけうどんが到着する間を利用して、先刻の「あの、熱いのですか」の究明にとりかかった。

熱くないかけうどんというものがあるのだろうか。

思うにこれは、調理場内部が「かけうどん」の注文に疑問を持ったということに端を発しているのではなかろうか。

「かけうどん」が注文されるはずがないという調理場内部の安易な考えが根本にあり、その考えが、ネエちゃんに対する、

「なに？　かけうどん⁇　それモリかザルの間違いじゃないのか」

という問いかけになり、ネエちゃんはネエちゃんなりに自分の耳に自信を持っているから、

（いや、そういうたぐいの冷たい食品ではなかった）

という判断から思考が進展していって、

「あの、熱いのですか」

という質問になったのだと思う。

このネエちゃんの質問に対し、多少うろたえはしたが、ちゃんと、
と、ぼくが答え、ネエちゃんは「ホレ、みろ」的自負をもって調理場内部に、力強く、「かけうどんである」旨を宣言した。これが先刻のネエちゃん及び調理場内部のやりとりの一部始終とみて差しつかえないのではないか。

そう考えてみると、ぼくの「あの、熱いのなんですけど」という答えに、ネエちゃんが深くうなずいたわけが明瞭になってくるのである。

ということは、ぼくの「かけうどん」の注文は、調理場内部の虚をついた、ということができるし、調理場内部に動揺と混乱をもたらした、ということもできる。

すなわち、「かけうどん」の注文はやはり大冒険であったのだ、と堂々といっても差しつかえない、と、こういうことになるのである。

（このへんの理論、しっかりしてるナ）

二

ぼくは神妙にかけうどんの到着を待っていた。

東京ガスＯＬ（３）の一隅で、肩をすぼめ、うつむきかげんでうどんの到着を待っていた。

この店はかなり大きな店で、まん中にテーブルが三つくっついて会議室ふうに並べられている。

ま、これがこの店のメインテーブルということになるのであろう。

メインテーブルの両側に、壁に押しつけるかっこうでテーブルが三つずつ、合計六つ並んでいるのである。

すなわち、この店の収容人員三十八名という大店舗なのである。

ぼくがすわったのは、会議テーブルのほうではなく、壁ぎわの定員四名のほうである。

ＯＬ三名のところをわざと選んですわったわけではなく、そこしか空いてなかったからやむを得ずそこにすわったのである。

昼食時とあってほぼ満員の盛況であった。

このおそば屋さんは純正のほうのおそば屋さんではなく、うなぎもあれば天ぷら定食もあるというたぐいの非純正おそば屋さんなのである。

本日の定食は、「冷や奴定食」なるもので、冷や奴に野菜サラダ、味噌汁、おしんこ、という変な組み合わせの定食で値段は四百五十円である。

しかし、冷や奴でご飯を食べるという変な人は一人もいないようだ。

（それにしてもここの店主は、どういう了見でこういう組み合わせを考えついたのであろうか）

などと考えつつ、かけうどんの到着を待つ。

なにしろいまは、かけうどんの到着をただひたすら待っているという状態で、この状態は、どちらかというとヒマなほうの状態に属するので、こういう考え事をするより他はないのである。（この程度のものでも、考え事などと称していいのかナ）

かけうどん、かけそばは定価二百八十円である。

むろん、この店の最低価格である。

一番高いのは、うな重の上で千八百円。

それを食べている客も、現にいるのである。かき入れどきに、二百八十円で一脚を占領されたのでは、おそば屋さんとしてもたまったものではあるまい。

同じ椅子でありながら、片や千八百円、片や二百八十円なのである。

おそば屋さんとしても、まさかかき入れどきに、二百八十円の客が来るとは思ってもみなかったのではなかろうか。

なんてことを考えながら、うどんの到着を待つ。

東京ガスＯＬ（３）は、いずれも年かっこう二十三、四で、一人が玉子丼、もう一人が鴨南ばん、残る一名がカレーライスを食べている。

やがて……

来ました。来ました、かけうどんが。

例のネエちゃんが、

「かけうどん出ます」

と、力強く調理場に宣言して、かけうどんを高く捧げ持って、テーブルの間をジグザグと通ってこちらに近づいてくる。

(『かけうどん出ます』か。いい言葉だなあ)

と、ぼくはうれしく頼もしく、しみじみそのお姿を遠くから拝見していた。

(あのネエちゃんは、いま、ぼくのためにかけうどんを運輸しているのだ)

そう思うと、ネエちゃんになにやら愛情のようなものさえ感じてくるのであった。

ついにかけうどんが到着した。

「かけうどん、おまっとうさんでした」

と、ネエちゃんは、運輸完了宣言をぼくに向かって力強く行ない、踵《きびす》を返してぼくの愛情も知らずに、遠く立ち去って行くのであった。

ついにかけうどんが到着したのだ。

かけうどんは、その境遇にめげることなくテーブルの上で、悪びれず、堂々と盛んに湯気をあげている。

周辺の玉子丼や、鴨南に少しもひるまず臆せず、いじけず、健気な湯気をあげているのであった。

不憫、という言葉がまず頭に浮かび、続いて愛惜、という言葉も浮かんでくるのであった。

東京ガスOL（3）は、一斉にチラと、わがかけうどんに視線を走らせた。

視線は走らせたものの、かけうどんについて特別の感慨はないらしく、いずれも「フーン」といった程度の表情で、再びそれぞれの食物の摂取に取りかかるのであった。

ぼくは少しホッとし、ホッとしつつも、例のネエちゃんのかけうどんの置き方について少し考察を試みてみた。

(かけうどんの置き方、少し乱暴だったのではなかろうか)

まずそう考察した。

(なんかこう、投げやりというか、ホレ食え的というか、そういうややさげすみの感情がこもっていたような気がする)

そうも思うのであった。

少し情けなく、少しみじめな思いで力なく割箸をパチンと割る。

この店は、小さなお盆に食物を載せて提供するというシステムをとっており、カレーライスでさえお盆に載っている。

お盆はいずれも古びていて塗りが剝げているのだが、ぼくのかけうどんのお盆は、他の人のお盆より剝げぐあいがよりひどいように思えた。

(一番剝げているのを選んで持ってきたのではないだろうか)

と、またしても情けない思いにかられる。

(これはきっと、かけうどん専用の超剝げお盆なんだ。そうなんだ。どうせいいんだ)

と、ひがみの度合はだんだん激しくなっていくのであった。

小皿に、薬味用の刻みネギがはいっている。

ネギを盛った、という感じではなく、ネギをぶちまけたという感じなのである。

鴨南ばんのネギなら、きっともっと丁寧に盛ってあるにちがいない。

（かけうどん用だから、わざと乱暴にぶちまけたんだ。そうなんだ。どうせいいんだ）

目には涙さえ浮かんでくる。

ぼくとて理由なくひがんでいるわけではない。ちゃんと理由があってひがんでいるのである。

まず、かけうどんのお盆の置き方が投げやりだった。

お盆の剝げぐあいが、他の人のよりひどかった。

刻みネギの盛り方が乱暴だった。

この三つの厳然とした事実の前に、おののきつつひがんでいるのである。

うどんの湯気を顔面に浴びつつ、かけうどんをしみじみ見る。

うどんの上には、なにも載っかっていない。

この事実に改めて驚かされた。

ふつう、丼物のうどんという食物を考える場合、その上になにかが載っかっている状態を、人は無意識に予想しているものである。

かけうどんの上には、なにも載っかっていない。うどんが裸のままで出てきたのだ。あるべきものがないのである。

予期しない驚きであった。

虚をつかれた、という思いもした。

丼の中は、あたり一面うどんである。

うどん以外のものはなにもないのだ。

丼物のうどん、そばのたぐいを食べる場合、割箸を割った時点で、いちおうの計画というか、方針というか、そういうものを人は持つものである。

たとえば、きつねうどんであるならば、とりあえず油揚げを片寄せてひと口ふた口うどんをすすり、そのあとで油揚げを少しかじる、といったような、ま、計画というのは大げさだが、いちおうの手順みたいなものがある。

かけうどんには、片寄せるものがなにもない。いきなりうどんである。

箸を片手に構えたまま、少し呆然とし、こんなはずではなかったと思い、うどんを眺めたまま、

（ウーム、どうしてくれようか）

と、しばしの間うなり続ける。

かけうどんには、「供された食物」という感じが少しもしない。

きつねうどんならば、三角に切った油揚げを二枚、少しずらして丼のまん中に置く、といったような作り手の愛情みたいなものが感じられるのだが、かけうどんにはそれがない。

うどんとツユを、丼に投入しただけである。

作った人の、（オレ、知らんもんね）という無責任な感じが、ひしひしと伝わってくるのみである。

愛情うすく育った子なのだ。

かけうどん自身も、（オレ、責任持てないもんね）というように、投げやりな態度でしらじらと湯気をあげているのである。

最初は不憫な思いがしたのに、それがだんだん憎しみに変わっていくようであった。

もっとも作り手としても、かけうどんでは愛情をかけようにも、どこにどうかけた

らいいのかわからない、ということも理解はできる。

　ますます情けなく、とりあえず少量のうどんを箸ではさみ、少し持ちあげ、フーフーと二度ばかり吹いてからズルズルとすすりこむ。

　すすりこんで、飲みこむ。

　二口めにとりかかり、またフーフー吹いてすすりこみ、飲みこむ。

　ふつうだと、このあたりで、「さて」という気持になるものである。

　さて油揚げに取りかかるか、とか、さてカマボコひとかじりするか、とか、そういう「さて」があるものである。
　ふた口すすって慣例によって「さて」という気持になってしまったのだが、「さて」の相手がいない。
　丼の中は、相も変わらずうどんのみである。
　ダラリと長く寝そべってるやつ。

あるいはねじれて苦しそうなやつ。仲良しグループなのか、四本仲良く揃って並んで横たわってるやつ。頭だけツユから出して足のほうをツユにひたしているやつ。

（もっともうどんは、どっちが頭でどっちが足かわからないが）

とにかく丼の中は、多くのうどんたちがうどんにまみれているのである。

「さて」の相手は、やむを得ずうどんということにする。

やむを得ず「さて」の相手としてのうどんをすする。次に「さて」の相手としてではないふつうのうどんをすする。もう一口すする。

するとまた「さて」になる。「さて」になるが、やはりうどんしかないからまたうどんをすする。次にまたふつうのうどんをすする。もうひと口ふつうのうどんをすすり、次にまた「さてのうどん」をすすりしているうちに、なんだか物狂おしいような気持になっていった。

うどんに次ぐうどんの猛攻である。

うどん地獄、などという言葉も浮かんでくる。

（これではいかん。少し冷静にならなくては）と思い、うどんすすりをしばし中断してみる。

しかし、目はうどんを見つめたままである。

このままの姿勢でいると、再びうどん地獄に突入するおそれがあるので、左手を腰にあてて視線をうどんから逸《そ》らすことにした。

休め、の姿勢である。

休めの姿勢にはなったが、その間、別にすることがあるわけもなく、おのずと視線はうどんに戻り、戻すとどうしても「再突入」という事態に陥ってしまうのであった。

再突入しつつ、ここでふと、

（東京ガスは、このうどん青年《ぼくのこと》をどうみているか）

ということが気になりだした。

意外にも、東京ガスは、このうどん地獄に陥っている青年に対して、少しも関心を抱いている様子がなかった。

ゆうべのテレビドラマらしきものについて、語りあっているのであった。

沖田ナントカとかいうタレントが、「いい」とか「いくない」というたぐいの話をしているのである。

一人が、

「年上にもてるタイプよね」

といい、残る二名が、わが意を得たりという感じで、

「そうそう！　そうなのよ！」

と激しくうなずく。

（しかし、それほど激しくうなずくほどの話題ではないではないか）

と、ぼくは思い、思いつつ、

（しかしオレ、うどん地獄に陥っているわりには、このあたり冷静だな）

と、思い、少しずつ冷静さを取戻していくようであった。

（東京ガス、無関心）という事実が判明して少しホッとし、今度はやや余裕をもってうどんに取組みはじめた。

伏兵は意外なところにいた。

ぼくの右隣のテーブルのななめすぐ前にすわっているおばさんであった。

おばさんは天ぷらそばのエビ天を噛みきりつつ、上目づかいに当方をチラチラと盗み見ていたのである。

その表情にはありありと、驚きと不審と軽侮の色が浮かんでいるではないか。

そばをズルズルとすすり終えるたびに、当方に不審のまなざしをチラと送って寄こすのである。

（アラマ、あのシトは……）

と不審のまなざしになり、そばを箸でつまんでスッスッと二度ほど高くかかげ、フーフーと吹きズルズルとすすりこんではまた不審のまなざしをチラと送ってくる。

（どう見てもあれはかけうどんだが……）

スッスッ、フーフー、ズルズル、チラ、

（それにしても、いくらなんでも……）

スッスッ、フーフー、ズルズル、チラ、

（いまどきいるのかねえ……）

スッスッ、フーフー、ズルズル、チラ、

（ああいうものを食べる人が……）

（それにしても、いくらなんでも……）

スッスッ、フーフー、ズルズル、チラ、

（いまどきいるのかねえ……）

スッスッ、フーフー、ズルズル、チラ、

（いまどきああいうものを食べる人が……）

おばさんの思考は、堂々めぐりをしている様子であった。

ま、ぼくのほうで勝手に堂々めぐりをしていると判断したわけなのだが、おばさんの目の動きは、まちがいなく思考の堂々めぐりをあらわしていたのである。

天ぷらそばのおばさんの思考は、それ以上には発展する様子がなかったのである。

（なぜこの青年は、いま、かけうどんか）

とか、

（この青年の、かけうどんを食わざるを得ない経済状況について）

とか、

（いまだにかけうどんが存在する社会状況について）

とかの思考の拡がりはないようであった。

（ま、勝手にぼくのほうで、そう判断しただけだけど）

おばさんの思考が発展しないという見極めがついたので、おばさんのたび重なる視線を無視して、ぼくは再びうどん関係に専念することにした。

丼の中のうどんは半分になった。

ツユも半分になった。

両者共々半分になったが、かけうどんの形態としてはスタート時点となんら変わるところはない。

うどんとツユのみという相互関係は少しも崩れてはいないのである。

この食事のスタート時点から現時点の中盤まで、口の中で噛んでいるのはうどんのみである。

うどん以外のものを噛んではいないのである。

うどんを噛んでは飲みこみ、噛んでは飲みこみしているだけなのである。

こういうのも、食事と称してよいのだろうか。

食事とはいわず、うどん噛み、とでもいったほうがよいのだろうか。

次第に、

(うどん以外のものを噛んでみたい)

という欲求が少しずつわきあがってくるのであった。

ふだんバカにしてわきによけていた、あのナルトでもいい。揚げ玉一個でもいい、
そういう願望が少しずつ頭をもたげてくるのであった。

うどんを噛んでいて、たまに薬味のネギがシャリッと歯に当たったりすると、それ

だけでも涙が出るほどうれしく、小皿に残っていたネギの残りの一個を、改めて大切に丼にあけるのであった。

そのネギは、中心のない周辺だけのネギであったが。

こうしている間も、天ぷらそばのおばさんの不審はまだ続いているらしく、あいまをみては視線を送ってくるのである。

東京ガスが立ちあがった。

立ちあがって椅子を戻しつつ、三名が一斉にぼくのかけうどんに視線を落とすのがわかった。

しかし、この視線は、重大な関心をもって見つめる、というたぐいの視線ではなく、なんとなく落とした、というたぐいの視線であった。（ような気がする）

それから、

「ホラ、こないだのアレがあるから」

「アラ、あれはいいのに」

などとお勘定のことで少しもめ、テーブルの間をジグザグと通ってお勘定のところに行きまた、こないだのアレ、で少しもめ、最終的には割り勘となって出て行った。

ぼくは最後の一本まで残らずうどんをすすりこんだ。

しかしツユのほうは、

（オレにだって誇りというものがある！）

と大量に残し、テーブルの間をジグザグと通ってお勘定のところに行った。

百円玉を三つ、レジのおばさんの前に置く。

この店はどういうわけか伝票がなく、これだけの人数の客の注文品を、このおばさんが独自のメモの様なものによって逐一記憶しているらしいのである。

そういえば先ほど、なに気なくレジのほうを見たとき、おばさんの目が強く光っており、かつ姿勢がかなり前かがみだったので不思議に思っていたが、その理由はこれだったのである。

したがって、ぼくの三百円に対し、おばさんは的確に二十円のお釣りを返して寄こしたのであった。

だが、その二十円のお釣りの出し方に、どこか力がない。

むしろがっかりした様子さえうかがえるのであった。

「アーア」という溜息こそ聞こえなかったが、

「アーア」的お釣りの寄こし方であった。

それから、力なく、

「ありがとうございました」

と、つぶやくのだった。

お勘定を済ますと、ぼくはレジのところからドアのほうへ歩いていった。

天ぷらそばのおばさんが、首をまわして依然として不審の視線を送ってくるのを背後に感じながら。

牛丼屋のムードはなぜ暗い

食べ物屋の専門店に、牛丼屋とカレー屋がある。

カレー専門店のほうは誰でも気軽に出入りできる。ＯＬも来るし、買い物途中のおばさんも来るし、学生もサラリーマンも来る。

店内の雰囲気も明るい。

みんな気楽にカレーを食べ、談論風発、海外旅行の話なんかも出て、お水をゴクゴク飲んで、明るく店を出て行く。

一方、牛丼屋のほうは、雰囲気が暗い。空気も重くよどんでいる。気楽に出入りできない雰囲気がある。

学生やサラリーマンは来るが、ＯＬやおばさんはまず来ない。

学生やサラリーマンも、どういうわけかはよくわからないが、いかにもモテないタイプが出入りしている。

外から見ると、いつもモテないタイプがカウンターにズラリと並んでいる。

ズラリと並んで、暗く重く、モクモクと牛丼を食べている。むろん海外旅行の話は絶対といっていいほど出てこない。

食事は明るく楽しく会話を交わしながら、というのが正しいあり方だが、牛丼屋ではこれは違反である。減点1となる。反則切符こそ切られないが、店内の客および店員のヒンシュクを買う。

牛丼屋に於いては、元気は禁物である。陽気もいけない。店内の空気になじまない。

意気消沈、これが牛丼屋に於ける客の基本姿勢である。

これがまた、牛丼にはよく似合う。

意気消沈して、ガックリ肩など落として投げやりに食べると牛丼はおいしい。

そのほうが格好もいい。

だから、注文するときも、「並ッ！」などと元気よく言ってはならない。

力なく、うつむき加減に、「ナミ」とつぶやき、小さくため息を吐《つ》くのが正しい。

牛丼が目の前に置かれたら、手で丼を引き寄せてはならない。左の片ひじをテーブルについたまま、箸の先を丼のはじに引っかけ、ズルズルと引き寄せるのが牛丼屋に於ける正しい丼の引き寄せ方である。

こうしたほうが、かえって粋《いき》に見える。

しかし、いかにもまずそうに食べてはいけない。

これではあまりにミもフタもないし、お金がなくて、まずいものを我慢して食べているように見えてしまう。

かといって、いかにもおいしそうに食べるのも考えものである。

牛丼がその人にとって大変な御馳走であるかのように見えてしまうし、そうなると、その人のふだんの食生活が推しはかられてしまう。

淡々、というのがいい。

ひたすら淡々、世間一般的に、ひたたん食い、と呼ばれている食べ方が牛丼食いの極意である。

姿勢は終始うつむき加減、視線はふせ加減、周りをキョロキョロ見まわしてはならない。

まして、対面している人と視線を合わせるなどは、もってのほかである。

牛丼を食べている人は、その姿を人に見られるのを極度に嫌う。

視線を合わせたりすると、「見たなー」と、丼と箸を置いてつかみかかってくる恐れが十分ある。

ぼくなども、近所の牛丼屋で牛丼を食べているとき、店の前の通りを知っている人が通ったりすると、思わずパッと身を伏せてしまう。伏せたあと、何も伏せることもなかったな、と思い、いややはりあるな、と思ったりする。

そのぐらい、牛丼を食べている人の心境は複雑なのである。

そして傷つきやすくなっている。

傷つきやすくなっているからこそ、視線が合ったりすると、つかみかかってくるのである。

牛丼屋の店内には、なんといったらいいか、不穏な空気、といったようなものが漂っている。

男たちの、いわれのない不満、いらだち、屈辱感、体面、矜持《きょうじ》といったものが複雑に入り混じって、一触即発の緊迫した空気となっている。

ぼくはいつも思うのだが、これはどういう理由によるものなのだろう。

値段的に考えれば、一方のカレー専門店とそれほど変わりはない。

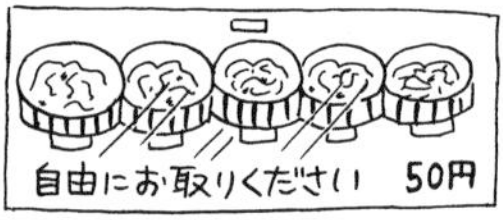

変わりないのに、カレー専門店にはこうした緊迫した空気は漂っていない。

いらだちも、屈辱感も、矜持の問題も、ない。

やはり、女にモテない、というところがその大きな要因になっているのだろうか。

どうも、そのあたりに原因があるような気がする。

カレー専門店と比べて、世間的な評価もあまりよくないようだ。

サラリーマンが、昼休みに牛丼屋の前を通りかかって、中で課長が背中を丸めて牛丼を食べているのを見かけたとする。

課長の威厳は、その時点で確実に一五パーセントほど低下するはずだ。

また、世の奥さん方も、

「おたくのご主人、このあいだステーキ屋でお食事しているところを見かけました」

と言われるのと、

「おたくのご主人、このあいだ牛丼屋で食べていましたよ」

と言われるのとではどっちが嬉しいか。

だからこそ客は、牛丼屋の店内で意気消沈しているのである。
実力からいっても、牛丼はカレーと比べて、一歩もひけをとらないと思う。
牛丼そのものは、極めておいしいものである。ぼくなども、お腹《なか》がすいているときなど、心底しみじみおいしいと思う。
甘辛の煮汁のたっぷりかかったゴハン、適度に脂を残した薄切りの牛肉、ゴハンと牛肉のはざまで、独自の戦いを進めている玉ネギ。三者相まってゆるぎない味をかもしだしている。

丼物には、カツ丼、天丼、親子丼、鉄火丼などいろいろあるが、その専門店なるものは極めて少ない。

カツ丼専門店というのは聞いたことがないし、鉄火丼の専門店も例がない。

ましてチェーン店となると、これは牛丼のみである。(編集部注・一九九八年当時)

つまり牛丼は、数多い丼物の中から、丼界の代表として選ばれたということになる。

数々の地区予選を勝ち抜いて、丼地区代表として甲子園出場を勝ちとったということもできる。いやいやすでに、準々決勝、準決勝、決勝にまでこぎつけたといってもさしつかえない。

カツ丼も天丼も親子丼も丼地区予選で牛丼に敗れ去ったのである。

決勝戦の相手は、むろんカレー専門店である。

ぼくとしては、決勝戦も勝ち抜いて、牛丼が丼界のドンとして、その地位もドンドン高まっていくことを希望します。

銀座の手堅いランチ

「きょうは銀座でランチ」

ということになるとどういうことになるのか。

とりあえず予算は二、三千円を用意しなければなるまい。

でもって、フレンチにするか、イタリアンにするか、和食にするか。

どれにするにしても、なにしろ銀座であるから超一流店ばかりだ。

「マキシム」あり「吉兆」あり「金田中《かねたなか》」あり「ラ・ベットラ・ダ・オチアイ」あり「エノテーカ　ピンキオーリ」あり「ル　マノアール・ダスティン」（グルメガイドブックから書き写している）ありで、超一流店の揃い踏みだ。

「銀座でランチ」ということになると、当然こうした超一流店の揃い踏みの中を歩いていくことになる。

その日、銀座での用事を済ませたのが12時15分ぐらい。

「では、銀座でランチといくか」

と、ぼくは四丁目の交差点から、目指す店に向かって京橋の方へ歩き出した。

フレンチの超一流店「レカン」、の前を通り、超高級ホテル「ホテル西洋銀座」、の手前を右に曲がり、細い路地へ入っていくと、左手に「タイガー食堂」の看板が見えた（２００８年11月に閉店）。

ぼくのこの日の「銀座でランチ」の店は、この「タイガー食堂」なのである。

え？　タイガー食堂って、食堂というからには、あの、もしかして、まさか、さんま塩焼き定食とかの、それに納豆と冷やしトマトつけて、とかの、定食屋ではないでしょうね、と、色めき立つ人もいるかもしれないが、まあ、おちきなさい、じゃなかった、おちつきなさい、「タイガー食堂」はれっきとした定食屋です。

所番地だってれっきとした中央区銀座1〜15〜12。

「マキシム」が銀座なら「タイガー食堂」だって銀座だい、なんて、ぼくが力んでもしょうがないけどね。

超一流店ばかりの前を緊張して歩いてきたので「タイガー食堂」の前に立つと本当にホッとする。

もちろん店の前にボーイは立っていない。

戸は自動ではなく、薄緑色のペンキを塗った木製の引き戸で、これが重くてしぶくて、うんと力を入れるとようやくゴトゴトと音を立てて開く。

〝なかなか開かない引き戸〟というものはなんだか懐かしくて嬉しい。

店内は、この近辺に勤めるサラリーマンらしき人たちでほぼ満員。

中央に六人掛けのテーブルが二つあって、その両脇にカウンター、全部で二十人はすわれる。

テレビがあって、少年マガジン、チャンピオンが積んであって、定食屋の常備品はすべて完備。

壁には「アジフライ定食」「いわし定食」「コロッケ定食」などの札がかかっていていずれも750円。

よく見ると「ハムカツ定食」もある。

銀座でハムカツ、「マキシム」の銀座でハムカツ、と、感激のあまり目がうるむ。

ひっきりなしに客が入ってき、ひっきりなしに客が出て行き、店内はかなりあわただしく、いつも満員状態が保たれている。

この二十人近くの客に対応するのはおばさんただ一人。

小走り状態で定食を運び、客の帰ったあとをあわただしく片づける。
カウンターにすわったのだがどう注文していいかわからない。
しばらく様子を見ているうちにだんだんその方式がわかってきた。
〝おばさんが定食のトレイを持って小走りで近くを通りかかったとき「さんま定食」とか叫び、その叫び声をおばさんが通り過ぎつつ聞く方式〟である。

その方式で「さんま定食と納豆」と叫んでようやく注文成立。

「本日のランチ」というのがあり、その内容は「カレーシチュー、コロッケ、ハムカツ、サラダ、豚汁」にライスとお新香がつく。これで680円。

「銀座のランチ」は二、三千円用意しなければならないはずなのに680円。

十分ぐらいたってようやくわが「さんま定食」到着。

サンマ焼きたて。焼きたてでジュージューいっている、というほどではないが〝ちょうどいまジュージューいい終わったとこ〟ぐらいに熱い。

ゴハンが熱い。豚汁が熱い。

サンマについている大根おろしの量がたっぷり。

納豆の量がたっぷり。

両方ともふつうの定食屋の二倍の量がある。

ぼくの隣の青年は「さば塩定食」をチャンピオンを読みながら食べているのだが、そのサバも半身丸ごとという大きさだ。

いま、「マキシム」でお食事をしている人たちが〝銀座の客〟ならば、いま、この「タイガー食堂」でお食事をしている人たちも〝銀座の客〟である。

が、そこはやはり、「マキシム」の客とは違っているように思える。「マキシム」の客よりも実直度の高い人生を送っている人たち、質実度の高い手堅い人生を送っている人たち、という印象を受けた。

とりあえずたっぷりの大根おろしにお醤油をかける。

いま12時40分。

この時間に、この銀座で、さんま定食の大根おろしにお醤油をかけている人はまずいないと思うな。

納豆にお醤油をかけてかき混ぜる。

この時間に、この銀座で、納豆をかき混ぜている人もいないだろうな、と思いつつ納豆をかき混ぜる。

かくて立ち食いそば巡りは終わる

「『富士そば』のラーメンは意外においしいよ」という話を立ち食いそばの通から聞いた。

こういう〝立ち食いそばの通〟を、立ち食いそば巡りを機に何人か知ることができた。

大抵おじさんである。

こういうおじさん達の立ち食いそばに関する知識は大変なもので、今回、「名代《なだい》富士そば」のメニュー〝全制覇〟を目指してぼくが得た知識など足元にも及ばないものがある。

ただ、彼らは警戒心が強い。

自分が立ち食いそばの通であることを、世間に知られるのを極度に恐れる。

彼らから情報を得ようと、例えば喫茶店などで会って、「最近ぼく気がついたんですけど、立ち食いそば業界って、どの店もなぜかナルトを使いませんよね」と訊いたりすると、辺りに警戒の視線を走らせながら、

「確かにそのとおりですが、五反田の○○の天ぷらそばと、浜松町の××の肉うどんにはナルトが入っています」

と即座に答えが返ってくる。

また、「町中のそば屋で天ぷらそばというと、それは海老天のことだけど、立ち食いそば屋のそれはかき揚げを意味するわけですよね」と言うと、

「まあ大体そうですが、飯田橋の△△の天ぷらそばは海老天を使ってます。ただし、ちょっと高くて六三〇円ですが」などと、具体的な数字入りの情報を、警戒の目を光らせながら知らせてくれる。

立ち食いそばの
通ですが
世間には
知られたく
ありません

彼らには、「おじさんのくせして立ち食いそばおたく」という自嘲と、「立ち食いそばに関する情報量では誰にも負けないかんね」という誇りがないまぜになっていて、その様子がぼくにはとても好もしい。

立ち食いそばおたくのおじさん、好き！

そのおじさんが自信をもって、

「『富士そば』のラーメンはおいしい」と言うのだ。

「ラーメン」三五〇円　某日夕刻

ふつう、立ち食いそば屋のメニューにラーメンはない。

いまはあまり見かけなくなったが、もう十年以上前、「梅もと」というそばのチェーン店があり、そこにはラーメンがあった。東京駅の構内にも支店があって、そこのラーメンをよく食べた。おいしいラーメンだったせいか、ぼくの他にもラーメンを食べている客をよく見かけた。

いま、立ち食いそば屋でラーメンを食べている人はどういう評価をされるのだろうか。

「ラーメン食うならラーメン屋で食えよ」という評価を受けるのではないか。

こういう店でラーメンなんか食ってる奴は、とりあえず、「情けない奴」と思われるにちがいない。

「食生活が投げやりな奴」

「味なんかわからない奴」

「どうしようもない奴」……。

そういうわけなので、「富士そば」の店内に入ったときからすでにオドオドしていた。

意外に素早くラーメンは出来上がった。

スープがちょっとぬるい。

が、なかなかどうしてちゃんとしたラーメンなのである。

厚め、とは言い難いが薄めとも言い難いチャーシューにはしっかりした味付けがしてある。メンマも特においしいとは言い難いが、まずいとも言い難い。

麺それなり。スープほどほど。ワカメが入っていて海苔はなし。

隣の客の視線が気になる。

天ぷらそばを食べながらこちらのラーメンをチラチラ見る。

（一段下の客層だな）という視線で見る。

ラーメンを立って食べていてふと思った。

（ラーメンを立って食べるのは、これが生まれて初めての経験ではないか）

そういえば、これまで一度だってラーメンを立って食べたことがない。

お客さんなんだかヘンなかっこうですね
かまわんでくれ

「立ち食いラーメン」の店がこれからはやるような気がしてきた。


立ち食いそば屋の大きな特徴として券売機による支払いシステムがある。

日本の飲食店の歴史は、〝券売機以前史〟と〝券売機以後史〟に分けられるほど、券売機の出現は大きな出来事であるといえる。

券売機の出現によって店側はいざ知らず、客側は客としての意識の転換を余儀なくされた。

券売機出現以前は、飲食店側は、と

にかく客に金を払ってもらうまでは、と、いろいろ気をつかった。

金を払ってもらうまでが客なのである。

客のほうにも、「何かあったら金、払わないかんな」という姿勢がある。

本当はこれが正常な飲食店と客の関係なのである。

券売機出現以後はどういうことになったのか。立ち食いそば屋を例にして考えてみよう。

客は店のノレンをくぐるまでは堂々としている。

「客なんだかんな」と胸を反らして入って行く。

券売機の前に立ってお金を投入する。

そこでも堂々としている。

だが券売機から券を拾いあげたとたん、急に弱気になる。

(金を取られてしまった)

金を先に取られてしまったのだから、ここからはもうこっちは明らかに不利だ。

あとはもう向こうの言いなりだ。

ついいましがたまでこっちが有利だったのに、急に弱者になってしまったのだ。

急に見捨てられた孤児になってしまったのだ。

向こうは、「金さえ取っちまえば、あとはもうこっちのものだかんな」と思っているにちがいない。

「わるいけど、いいかげんに作るよ」という態度に転じたにちがいない。

「なんなら食べないで帰ってもらってもいいんだよ」

もちろん白長靴のおじちゃんがそう思っているわけではない。

金を払ってしまった、という弱味が、おじちゃんの言動のはしばしにそういうものを感じさせてしまうのだ。

要するに、なんだかいまいましいんですね。

どうもこの、券売機による先払いシステムは精神的によくない。

券売機出現以来、ずうっとよくない。

金を
もらっちゃったら
熱が入ら
ないのは
事実です

「冷やしきつね」四一〇円　某日午後五時

〝全制覇〟を標榜したからには冷やし系を無視するわけにはいかない。

冷やしきつねを食べて冷やし系の代表としたい。

夏が近くなると立ち食いそば屋のメニューは大幅に変わる。メニューの半分近くが冷やし系になる。

そうした中で、一年を通してメニューにあるのが冷やしきつねとたぬきである。

ぼくにとっては意外なのだが、この冷やしきつね、冷やしたぬきファンは大勢いるというわけなのだ。

「富士そば」の冷やしきつねは、四角い油揚げが二枚、あとはワカメとネギ、そして練りワサビが添えてある。

こういう冷やし系のツユは飲んでもいいものなのだろうか。

飲むには少ししょっぱ過ぎる。

そこでお冷やの水を入れて飲んでみようと思ったのだが、そうまでして飲むものなのだろうか、と思いつつもそうまでして飲んでみたらやはりそうまでして飲むものではなかった。

冷やしきつねは想定したとおりの想定内のもので、感銘を受けるほどのものではなかったが、この日別のことで大きな収穫を得た。

新聞の投書欄マニアだったら、早速一文をしたためて投稿するような感動的な出来事が店内であったのである。

冷やしきつねを食べていると茶ぱつの青年が店に入ってきた。

「で」の青年

いまどきのごく普通の青年である。

青年は券売機で買った券をカウンターに置きながら、

「そばで」と言ったのである。

「そばで」の「で」にぼくは大きな感銘を受けた。

自分はこれまで、カウンターに券を置きながら何と言ってきたか。

「そば」だったではないか。

何という突き放した冷たい物言いであったことだろう。

自分はこれまでずうっと「そば」で

通してきた。

冷たく「そば」と言い放ってきた。

それには先述の、券売機にからむ「いいかげんに作るよ」の不信感のせいもあったかもしれない。

なのに青年は、「そばで」……。

なんという優しい思いやりのある物言いであろう。

たった一語の「で」が、こんなにも人と人との関係を和ませるものだったのだ。

冷やしきつねを食べながらぼくはこれまでの自分を深く恥じ、これから立ち食いそば屋で注文するときは、終生「そばで」と言うことにしよう、と、堅く心に誓ったのだった。


ぼくが立ち食いそば屋に行くようになってから少なくとも三十年が経っているが、その三十年間、ずうっと解決策を考えながらいまだに解決できない問題が一つある。

それは、〝食べ終えたあとどういう動きをしながら退店したらいいのか〟という問題である。

そんなの、ただすうっと消えればいいじゃないか、と思うかもしれないがそんな単純なものじゃないのだ。

奥が深いのだ。

なにしろぼくが三十年間悩みつついまだに解決策を見出せないほどの問題なのだ。

たとえばきつねそばならきつねそばを食べ終えたとしますね。

さあ、ここからどうするか。

ぼくの場合をいえば、とりあえずモジモジする。

（やっぱり、ゴチソーサン、と言って出て行ったほうがいいんだろな）とウジウジする。

（でも、言うの、なんだか恥ずかしいな）とイジイジする。恥ずかしいから、（従業員のあの二人が向こうを向いたスキにさっと逃げようかな）なんて考える。

実際にそうしたことも何回かある。だがなんだか後味がわるい。

悪いことしてないのに何も逃げることないじゃないか、などと自分を責めたりする。

なんてことを思い出したりしながらまだモジモジしている。

なかなかきっかけがつかめず、丼の中の箸をきちんと揃えたりしている。

立ち食いそばの場合は本当にきっかけがむずかしい。

これすべて、先に金を払ってしまったがゆえに起こる問題である。

券売機でない店ならば、食事を済ませたら客はいくら？　と店に問い、支払いを済ませ、ごく自然に店を出て行くことになる。

立ち食いそばは金はもう払ってあるのだから、このあとの行動はすべて〝不意に〟ということになる。

店側から見ても不意だし、自分自身にとっても不意である。

牛丼屋の場合も、「松屋」のような券売機の店は退店のきっかけは立ち食いそば同様にむずかしい。

だが牛丼屋の場合は客は椅子にすわっている。

椅子から立ち上がることが、明確な退店の意思表示になる。

店側もあの客は退店するな、と思い、客も退店の大きなきっかけとすることができる。

立ち食いそばの場合は、この〝立ち上がる〟という部分がない。

最初から立っているのだから、あとはもう、それこそ不意に店を出て行くほかはない。

そういうふうに、いつものように迷っていたある日、客の一人が大きな声で「ゴッツォーサン」と言いつつ店を出て行った。

従業員二名は大きな声で「アリガトウゴザイマシタ」と声を揃える。

ぼくもついに意を決して、「ゴチソーサン」と声に出して言った。

言って戸のほうにふり向き、出て行こうとしたのだが「アリガトウゴザイマシタ」がない。

立ち止まって耳をすましたがない。

ないのでそのまま出て行った。

「きっと声が小さくて聞こえなかったんだ」と、なんだか口惜しく、

「もっと大きな声で言えばよかった」と後悔し、

「オレって物言いがいつも口の中でモゴモゴしてるんだよな」と自分を責める。

どうもなんだか、オレって立ち食いそば屋に行くたびに後悔ばかりしてるな。

「かつ丼」四五〇円　某日午後四時

かつ丼は、立ち食いそば屋の「ゴハンの部」の大代表でもある。

かつまた、「『富士そば』のかつ丼は一度食べてみる価値がある」と、立ち食いそば通のおじさん達の間で話題になっている一品だという。

「富士そば」自体かつ丼に力を入れているらしく、あちこちの支店の店頭に「かつ丼四五〇円」の大きなのぼりが立っている。

かつ丼の券をカウンターに置くと、白長靴のおじちゃんはまず大きな電気釜のフタを開けて熱いゴハンを丼に盛る。

次に卵を割ってボウルに入れて軽くかき回し、すでに切ってあるトンカツを、丼専用の取っ手が垂直に立っている小鍋に入れて火にかけ、すばやく出し汁を入れ、卵を入れる。

それを丼の熱いゴハンの上にすべるようにのせて出来上がり。この間一分二十八秒。ワカメのスープがつく。

味はかなり濃い目だが、なかなかちゃんとしたかつ丼である。

かつ丼の場合はカウンターに置いたままではなく手で持って食べることになる。

立ったままかつ丼を食べる、これもまた生まれて初めての経験である。

いつものそばのように、自然な流れで食べていけない。

かつとゴハンを一口分、口に入れたところで流れが途絶える。

かつとゴハンを一口分、口に入れると、そのあとしばらくの間噛んでいるわけです。噛んでいる間は、口以外の動きはないわけですね。

見た目には、立ち食いそば屋の店内でただ突っ立っているだけに見える。

これがとてもみっともない。

ほかの客がそばをかっこんだり、熱いツユをすすりこんだり、かき揚げ天をかじったり、全員忙しく動いている中で、ただ突っ立ったままの男が一人だけいる。

そういう状況がわかるだけに、ただ噛んでいるだけの自分が恥ずかしい。早く飲みこんで、早く次の一口にとりかかりたい、そうして自分も忙しそうにふるまいたいと思うのだが、なにしろ相手はかつである。とにかく時間がかかる。

その間中、意味なく天井を見上げたり、思案にふけっているように見せかけたりするのだが、全体的にはヒマな男が店内で突っ立っているだけに見える。

立ち食いそば屋の店内に於ては、常に忙しくふるまっていないといけないということがようくわかった。

ゴハンものもカレーならけっこう忙しそうにふるまえるのだが、かつ丼は気をつけないといけないということがようくわかった。


六月に入って西荻の「富士そば」に異変が起きた。

六月初旬、店頭に貼り紙があった。

「店内改装のためしばらく休む」というものであった。

そうしておよそ一か月。

新装開店となった「富士そば」は、なんと〝椅子にすわり食いそば〟となっていたのである。

そういうわけで、当初の「富士そば」のメニュー全制覇は、挫折することになってしまった。

立ち食いがダメなので、中腰で続行、という手もないではないが、ひとまずここで中断ということにしたい。

江川紹子

×

東海林さだお

B級対談

限りなくC級に近いグルメ

えがわ・しょうこ
記者。神奈川新聞を経てフリーランス。司法、政治、災害、教育、カルト、音楽など関心分野は様々。2020年4月から神奈川大学国際日本学部の特任教授を務め、カルト問題やメディア論を教えている。

東海林　きょうは江川さんがB級グルメだということをお聞きしたので、そのあたりのことからお伺いしたいと……。

江川　東海林さんは大変な健啖家でいらっしゃるとか。

東海林　最近は寄る年波で、もう、めっきり。お酒もお強いという噂もチラホラと……。

江川　たしなむ程度です（笑）。

東海林　吉野家なんかには行かれますか。

江川　最近は全然……。神奈川新聞にいたころはもう、しょっちゅう。夜遅くまで警察なんかにずーっといるわけですから。そうすると、あそこぐらいしか開いてないんですよ。泊まりのときとかは、牛丼を弁当にしてもらって、生姜をどっさり入れてもらうんです。

東海林　紅生姜ファンである、と。

江　川　わたし、紅生姜ってけっこう好きで、トンコツラーメンなんかにも、汁がピンク色になるぐらい入れちゃうんです。

東海林　ラーメンはトンコツ系がお好きで？

江　川　いや、わたしはトンコツでも東京ラーメンでもどっちでも。

東海林　荻窪のラーメン地帯は行ったことあります？

江　川　いや。名前だけは少し。

東海林　「丸福」は？

江　川　名前だけ知ってます。

東海林　「春木屋」は？

江　川　知りません。

東海林　すると「丸福」どまりということに。

江　川　何級ですか？　わたし（笑）。

東海林　吉野家の紅生姜をたくさん取るというあたりはB級度が高いけど。判定はまだまだ（笑）。

江川　最近は「松屋」とか……。

東海林　おっ。牛丼の「松屋」を知ってるとは。

江川　「サブウェイ」って知ってます？

東海林　おっ。反撃してきましたね。なんでしたっけ？

江川　サンドイッチとサラダの店なんですけど、まず、パンを選んでくださいっていうのね。白いのと黒いのと、長いのと短いのとあって……。具のほうはコンボとかてり焼きチキンとか。サラダのほうは野菜もいろいろあって、全部入れるか、とか、もっと増やすか、減らすかとか言われ

て、あと、マヨネーズとマスタードとどちらにするか、とか……。

東海林　息つくひまもない。

江　川　質問につぐ質問ですよ。

東海林　裁判所みたいですね（笑）。

江　川　初めて行ったときはびっくりしました。

東海林　立ち食いそば関係はどうですか。

江　川　最近はあまり行けないんですが、以前はときどき。

東海林　何を注文します？

江　川　天ぷら関係は、かき揚げ系じゃなくて、固形物が入ってるやつ。芯にイカとかね。それからだいたい生卵を入れますね。

東海林　生卵はいつ食べますか。

江　川　あのね、最初は崩さないでおそば食べるわけですよ。ある程度おそば食べてから崩す。そうすると、卵入りじゃないおそばと、卵を崩したかき玉系のおそばと、両方食べられるじゃないですか。

東海林　うーむ、スルドイ。

江　川　そうすると、一回頼んで二つの味が味わえて得したような気になる（笑）。

東海林　なかなかB級度高いなあ。コンビニなんかはよく行きますか。

江　川　コンビニのないところへは行けないくらい。

東海林　コンビニでは主に何を買いますか。ぼくは、まずとりあえずカップ麺ですね。日清系って、わりと信用できますね。

江　川　「ラ王」。「ラ王」の焼きそばおいしいですね。それからスパ王のスパゲティ。「ペペロンチーノ」。これもおいしい。

東海林　次第にB級度高くなってきたなあ。

江　川　きのうも「ペペロンチーノ」食べました。いまの仕事場に移ってから、ご飯食べる場所まだよくわかんないわけ。一人で出かけて行くってのもすごく気後れしちゃって。しょうがないからカップ麺とか、レトルトのお粥とか、そういうのをいっぱい買ってきて、夜はほとんどそれです。

東海林　B級というよりC級に近いんじゃないですか、その食生活は。

江　川　それに一人のときは出前もとれない。

東海林　あ、ぼくもそれあります。ピザ取りたいけど一人じゃ余るし。ピザのビラがときどき入ってくるでしょ。すると、じーっと見て、取るとしたらこれだなあ、とか。

江川　これとこれを半分ずつのせて、とか（笑）。
東海林　いや待てよ、むしろこっちにして、トッピングはこれに変えて……。
江川　取らないのにね（笑）。しょうがないから、お昼はだいたいさっきの「サブウェイ」でしょ。で、夜はカップ麵とかレトルトのお粥。
東海林　えーと、じゃあ、きのうの朝からの食生活は。
江川　えーと。きのうは……そうそう、朝がカップ焼きそばで……。
東海林　それから？
江川　で、お昼が「サブウェイ」で……。いや、ちがう、あ、思い出した、きのうの昼はいつも「サブウェイ」じゃなんだと思って、近くに「ドトー

ル」があるんですよ。

東海林　「ドトールコーヒー」。

江　川　あれのミラノサンド。

東海林　どんなものですか、それ。

江　川　フランスパンみたいなパンに、ハムとチーズが挟んであるやつ。それと「ヨシケイ」で買ったカップスープの素を……。貧しいですねえ。

東海林　いや、すごくいいですよ。B級の王道を行ってるというか、B級も危なくなってきたというか（笑）。

記　者　江川さんはね、酢豚にパイナップルが入ってたりすると怒るんですよ。

東海林　え？　なんで。

記　者　酢豚は酢豚らしくあれ、と。酢豚にパイナップルは邪道だ、と、怒るんです。

東海林　江川さんが怒る（笑）。

江　川　サラダのリンゴ。カレーライスのライスの中の干しぶどう。ソーメンのサクランボ。

東海林　ダメですか？

江　川　ダメです。

東海林　何ですかね、その根拠は。
江　川　果物はやっぱり……。
東海林　果物らしくあれ、と。
江　川　分をわきまえろ、と（笑）。
記　者　それから中華料理のあとのデザートの甘いもの、中華饅頭とか。あれも怒る。
東海林　じゃあ、どうするんですか。中華のあと、ちょっと何か、というのは。
江　川　そのまんま。ああ、きょうの中華はおいしかった、と。せっかく中華のおいしい余韻が口の中に残っているのに、甘いものなんか食べたらなくなっちゃう。だってアンコの味

って強いでしょ。

東海林　それって古いなあ。中華は中華、アンコはアンコ、それぞれにおいしい。

江　川　東海林さんに古いなんて言われちゃ（笑）。伝統を大事にするんです、わたしは。

東海林　じゃあ、デザートのたぐいは一切食べませんか。

江　川　食べませんね。

東海林　フルーツとかはどういうときに食べるんですか。

江　川　果物は果物で。家で食べるときは、とにかくご飯食べ終わって、あと片づけして。

東海林　ちょっと間を置いて。

江　川　ええ。お茶飲んだりして、では、ちょっとミカンでも食べましょうか、と。

東海林　間を置かないとダメなんですね。

江　川　ダメなんです。ご飯はご飯。ミカンはミカン。

東海林　なんか、明治時代の男みたいだなあ。

記　者　江川さんは、神奈川新聞やめたら、飲み屋のおかみさんになろうと思ってたんですって。

江　川　というか、入って一年目に、新聞社が潰れるって聞かされたんです。それは本当のことじゃなくて、先輩がからかったんですね、新入社員を。それをマジに信じて、みんなでどうしよう、転職どうしようってことになって、わたしは飲み屋をやりたいって言ったんです（笑）。

東海林　どんな飲み屋にしようと思いました？

江　川　おかずがちょこちょことあって、そんなに大きな店じゃなくて、カウンターだけで……。

東海林　あ、わかった。カウンターの上の大皿に料理が並んでいて……。

江　川　大皿だと乾いちゃうから……。まあ、とにかく作り置きのできるものと、ちょこちょこっと作れるものでやったらいいなあ、と。

東海林　あんまりいい店じゃないなあ。

江　川　あははははは。

東海林　メニューを具体的にいうと？

江　川　大根の葉っぱを茹でて、それで炒飯にするとおいしいんですよ。

東海林　じゃあ、店をやるとしてですね。とりあえずメニューを五つ考えてもらいましょう。まず、その大根の葉っぱと。

江　川　何でしょうねえ。（考えこむ）……。さっき話に出たがめ煮どうかしら（対談に入る前、正月に江川さんががめ煮を作ったという話があった）。

東海林　大根の葉っぱとがめ煮と……。

江　川　切り干し大根……。

東海林　あんまり行きたくないなあ、そういう店（笑）。

江　川　あと何かちょっと、豪華なものもいきたいですねえ。

東海林　肉けが欲しいけどなあ。

江　川　でも、がめ煮には鶏肉が入ってるんですよ。鶏肉、レンコン、ニンジンとか。

東海林　そういうんじゃなくて、肉が主役の料理。

江　川　大根の葉っぱ、がめ煮、切り干し大根……あと二つ……。

東海林　ゆっくり考えていいですからね。

江　川　あ、明太子のサラダ。これはなかなかおいしくてね。明太子をほぐすでしょ。それにマヨネーズとお酢をちょっと入れて溶くんですね。これをいろんな野菜にかけて食べる。野菜は生じゃなくて、茹でたりして火を通したものがいいですね。ブロッコリーとか、ナスをちょっと油で焼いたものとか、キャベツをさっと茹でたりとか、彩りもきれいだし。

東海林　なんだか、けっきょく野菜ばかりの店だなあ。
江　川　あと、お酒もいいのを置いたりとかね。
東海林　でも客商売というのは大丈夫ですか。へんな禿げのおっちゃんが来てからんだりしますよ。
江　川　それが問題です（笑）。会員制にしようかなあ。
東海林　大根の葉っぱで会員制ですか。
江　川　いや、大根の葉っぱは、これもこうして食べるとおいしいというたとえですよ。本体もちゃんと食べますよ。ふろふき大根にしたり……。
東海林　やっぱり、あんまり行きたいと思わないなあ、江川さんの店には。（対談は赤坂の中華料理の店で行われていて、こ

こで食後の饅頭が出る）あ、来た来た。甘いのが来た。江川さん、世の中の流れはこうなってるんですよ。

江川　わざと注文したんじゃないの（笑）。

東海林　これが時代の流れなんです。困るでしょう、これは。

江川　困りますねえ。

東海林　江川さんも少し訓練して、社会復帰したほうがいいですよ。

江川　わたしは伝統を守ります。

東海林　食べ物を、中華系と洋食系と和食系とに分けたらどれが好きですか。

江川　だいたい和食系ですね。お醬油系。

東海林　ご飯だったらおかずはどうなりますか。

江川　一品だけですか？

東海林　三品まで許します。

江川　白いご飯に……塩から。イカのばかりじゃなく、鰹の塩からとかね。

東海林　いきなり塩から……。

江川　白菜のおしんこの葉っぱのところ。あと一つ……。

東海林　ゆっくり考えてください。

江　川　朝だったらやっぱり納豆ですね。

東海林　補欠を一つ許します。

江　川　補欠だったら塩鮭も好きなんですけど……梅干しっていうのもいいな。

東海林　うーん、やっぱり梅干しに行ったか。塩から、白菜漬、納豆、塩鮭、梅干し。完全にオヤジ系ですね。

江　川　一つぐらいはずしたいんですけどね（笑）。

記　者　そういえば、江川さんはソースがダメなんですよ。

東海林　え？　じゃコロッケには？

江　川　お醤油。

東海林　え？　コロッケに醤油⁉

江　川　え？　じゃ、コロッケにはふつう何かけます？

東海林　ソースに決まってるじゃないですか。

江　川　えーっ⁉

東海林　じゃあ、アジのフライには？

江　川　お醤油。

東海林　えーっ⁉　するとエビフライはどうなるの？

江川　お醤油。

東海林　エビフライにはふつうソースですよ。あとタルタルソースもかけるけど。

江川　タルタルソースだったら、そこへお醤油をちょこっと混ぜて食べる。

東海林　好きなようにしなさい。じゃ天ぷらは？

江川　醤油か天つゆかどっちかです。外では天つゆしかないからしょうがないけど、家では大根おろしをいっぱいつくって、醤油をいっぱいかけて、それをつけて食べる。

東海林　好きなように食べなさい。それは子供のときからそうなんですか。

江川　はい。

東海林　家庭がそうだったんですね。

江川　はい。

東海林　じゃ、しょうがない。情状酌量の余地がある。

江川　でも、ほんとにアジのフライって、ソースで食べる？

東海林　学生時代とか、周りを見回したことありません？　早稲田の周りの定食屋なんかで、みんなアジのフライにソースをかけて食べてたでしょ。

江川　アジのフライをですかあ……。

東海林　ようく思い起こしてください。アジのフライは醤油で食べると思うけどなあ。わたし、ホラ、そう思い込んでたから、周りを見回すということは……。

江　川　じゃあ、いいです。アジのフライは醤油で食べなさい。トンカツはどうします。

東海林　醤油です。

江　川　やっぱりかけてたか。

東海林　だっておいしいんだもの、そのほうが。うちは食卓の上にソースが置いてある光景ってなかったんですよ。母親がソースは料理の隠し味ぐらいにしか使わなかったから。

江　川　家庭ではそうでも、世の中に出てから、周りを見回して、

自分はヘンだと気がつく時期があるもんですけどねえ。あ、お好み焼きはどうなります。

江　川　続々と（笑）。

東海林　まさかお好み焼きに醬油というのは。

江　川　わたし、お好み焼きそのものを食べる機会があまりないんですよね。

東海林　話を逸《そ》らさないでください。

江　川　お好み焼き屋さんていうのは、基本的にはソースしかないんですよね。でも、マヨネーズは使うから、ソースを半分にして、マヨネーズにお醬油をちょろっと入れられたら嬉しいなって。

東海林　嬉しいなって（笑）、なんだか不憫だな。そうだ、焼きそばはどうなります。

江　川　だから付いてるソースを半分捨てて、そこへ醬油を足す。

東海林　あ、そこまで行ってたんだ。半分じゃないでしょう。三分の二捨てるでしょう。

江　川　半分は捨てますね。いや、半分以上かなあ。

東海林　ほらね。

江　川　じゃあ、醬油しかない国と、ソースしかない国があるとします。

東海林　おっ。反対尋問になってきたな。

江　川　そのときどっちに行きますか。

東海林　そりゃ醬油の国ですよ。

江　川　ですよねえ。そこでコロッケが出てきました。醬油の国で。

東海林　しょうがない。醬油です。

江　川　ほらね。活路を見出したような気がする（笑）。

東海林　なんか、いまのヘンな誘導尋問だなあ。でも、これでだいたいわかりました。食べ物で炙《あぶ》り出した江川紹子という人物の……。

江　川　鑑定書ですか（笑）。

3章 庶民の食べ物編

鰺フライ、B級に生きる

鰺《アジ》のフライにソースをかけていると、なんとなく心がシミジミしてきませんか。

同じフライ仲間のトンカツだと、そういうことはない。

メンチカツでもシミジミしてこないし、コロッケでもシミジミしてこない。

鰺のフライにソースをかけていると、心の中の気取りとか、構えなどがスッと消える。

素直な気持ちになっている自分に気づく。心がやすらいでいくのを覚える。

鰺のフライには、トンカツやコロッケやエビフライにはない、なにかこう、身近なものを感じるんですね。

他人じゃないような気がする。

身内というか、道連れというか、同志というか、そういうものを感じる。

もし、おかずに〝くつろぎ指数〟という考え方を導入するとすれば、鯵のフライの指数はかなり高いものとなるにちがいない。

その上、信頼感もある。

鯵のフライを口に含んで
純粋にゴハンを想う人
ゴハーン!!
カンバーック

コロッケやメンチカツには、なにかこう信頼感に欠けるものを感じる。

食べていても、コロッケやメンチには心を許していない。警戒心もゆるめていない。

その点、鯵のフライは安心だ。

鯵のフライは、隅から隅まで、全部紛《まが》いものなしの鯵だ。

すっかり安心していていい。

それにまた、形がかわいいんですね。巧まずして、そのまま、自然にハート形になっている。

ハートの先端から、かわいらしい尻《しっ》

尾《ぽ》が小さくのぞいている。

尻尾が、「鰺だゾ」と言っている。おかずに〝いとしさ指数〟という考え方を導入すると、鰺のフライのランクはかなり高いものとなるにちがいない。

フライ物一族はソースが合う。

鰺のフライは断然特濃ソースだ。

こいつを、鰺のフライの上からかけてやる。心シミジミとかけてやる。

鰺のフライは、特濃ソースを容易には受けつけない。

ソースがフライの上で盛りあがる。

それを、箸の先で、丁寧になでつけてひろげてやる。

丁寧に優しくなでつけてやっていると、いとしい気持ちがいっそう強くなる。

なでつけながら、（他人じゃない）と、つくづく思う。

あ、そうそう、ソースをかける前に、裏表を確かめるのを忘れていた。

鰺のフライは、食べる前に裏表を確かめないといけない。

鰺のフライは、一般的に表と思われているほうが裏で、裏と思われているほうが表だ。

裏というのは内側で腹側で内臓側だ。

表というのは外側で背側で皮側だ。

凹んで反りかえっているのが表側で、ふくらんで盛りあがっているのが裏側だ。

お店では、この裏側を表側にして並べる。つまり裏側を表側と考えているわけですね。

だから食べるときは、裏側（内臓側）を表にして、そこにソースをかけるのが正しい。

あの……
鯵のフライは当たりもない代わりにはずれもございませんざますわね

なぜかというと、内臓側のほうが、背側よりいくらかソースのしみこみがいいからだ。

それでなくても、鯵のフライはソースのしみこみがわるいので、ここは食べ方のキーポイントとなる。

ソースを優しくなでつけてやって、そこの部分を削りとるべく箸の先を突き入れる。硬くてパキパキした鯵のフライに、メリメリと箸の先を食い込ませる。

鯵のフライの硬さは相当なもので、フライ仲間随一を誇っている。

箸の先を突き入れると、本当にメリメリという音がする。

メリメリと突き入れて、ジャキジャキと突つき、ギシギシと切断しようとすると、皿の上をあちこち移動するから、左手で尻尾をつかまえて動かないようにする。

鰺のフライから尻尾が出ているのはこのためなのである。ようやく削りとった一片を口に入れて噛みしめると、しばらくの間はコロモの味とソースの味しかしない。

ややあって、ようやく、かすかに、鰺の味がしてくる。その味も、われわれがふだん慣れ親しんでいる鰺の味ではなく、鰺の缶詰のような味だ。

そういえば、サンマやイワシやサバの缶詰はあるが、鰺の缶詰は聞いたこともない。

なぜか、ということは、またいつか考えるとして、鰺のフライの味は、鰺の缶詰のような味がする。かすかに苦みがあって、しかし確かに魚肉で、やっぱり鰺だな、という味だ。

口の中で、ソースがあまりかかってない部分がメリメリ、うんとかかった部分は少し湿ってムリムリ、中身の鰺の部分が少しきしんでシャクシャク。二口、三口噛みしめると、猛然と、(これはもう、どうあってもゴハン)というせっぱつまった気持ちになる。

このとき、人間がゴハンを思う気持ちほど純粋なものはない、とさえ言われている。

ソース、鯵のフライ、ゴハン、この三者の絆ほど堅い絆はない、とさえ言われている。

鯵のフライの偉いところは、B級に徹していることだ。

レストランなどのフライ物の中にも鯵のフライはまずない。その代わり、定食屋のメニューには必ずある。

デパートのフライ物のところにも、鯵のフライはめったに姿を見せない。

格が上がると姿を消し、下がると現れる。

ソース以外とは絶対に浮気をしないところも偉い。

エビフライや、コロッケも高級になるとタルタルソースと組みたがる。

タルタルと組んでランクアップを狙う。

タレントなどにもこういう現象がみられる。

お笑いで出発して、多少人気が出てくると、シリアスドラマに出たがる。

出て尊敬を得たがる。

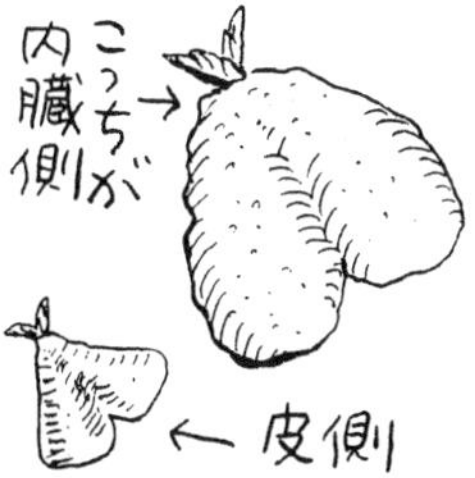

これをタレントの〝タルタル化現象〟と言う。

ツナ、マヨに出会う

「マグロといえば……」

とバスの中で誰かが言ったとしましょう。

バスは満員でみんな押し黙って吊り革につかまったり、席に座ったりしているとしましょう。

そうした中で、突然、大きな声で、

「マグロといえば……」

という声が発せられたのです。

そんなバカなことありえないぞ、と言う人もいるでしょうが、話の都合上そういうことにさせてください。

バスの中の人たちは、いまのところ頭の中はヒマなので、その発言に素直に反応する。

「マグロといえばなんたって中トロだよね。通は大トロより中トロ」

「やっぱり大間だよね、マグロといえば」

「トロロ芋をかけたの何だっけ。そうそう山かけ。あれ大好き」

「山の中の温泉でマグロの刺身出すの、あれ考えものだね」

たぶん、大体こういった反応になるのではないか。

つまりバスの中のほとんどの人が、「マグロイコール刺身」と考えていることになる。

いま「大西洋まぐろ類保存国際委員会」というのが開かれていて、マグロ漁業の今後が話し合われているが、日本人の誰もが心配しているのは、

「だんだんマグロが食べられなくなるのではないか」

ということである。

この場合の「マグロが食べられなくなる」のマグロもまた刺身としてのマグロのことを言っている。

ここでぼくは声を大にして言いたいことがあります。

「マグロは刺身だけではないぞ」

ということであり、

「ツナ缶のことも心配しろ」

ということであります。

マグロが獲れなくなればマグロの刺身が食べられなくなると同時に、ツナ缶もまた食べられなくなる。

いいのか、それで。

たぶん「別にぃ」と、大部分の人が無関心だと思うが、もう一度言うけど、いいのか、それで。

それだと、コンビニのおにぎりの「ツナマヨ」が食べられなくなるぞ。いいのか、それで。

ツナマヨサンドも食べられなくなるぞ。いいのか、それで。

ここでちょっとあわてててもらえると

嬉しいのだが。

コンビニは若者の行くところ、といわれていたのは昔のことで、いまは高齢者も毎日のように行く。

高齢者もコンビニのおにぎりを買う。

おにぎりはコンビニ全体の売り上げの上位を占めており、そのおにぎりの中でツナマヨは人気第一位となっている。

ちなみに二位が紅鮭《べにざけ》で三位が明太子。

サンドイッチでもツナマヨの人気は絶大で、どんなミックスサンドにもツナマヨは必ず組み込まれている。

毎日のようにコンビニに行く人は多いが、毎日寿司屋に行く人はまずいない。

毎日マグロの刺身を食べる人も少ない。

全国的に考えると、もしかしたら刺身としての消費量よりツナマヨのツナとしての消費量のほうが多いのではないか。

ツナマヨはツナのフレークとマヨネーズを和えただけのものなのだが、いまや誰で

もそのことを知っている。

ツナマヨ？　何それ？　などという人は一人もなく、広辞苑にもちゃんと載っている、はず、と思って調べたが載っていなかったけど、いずれ必ず載ります。

ツナ缶はいまから40～50年ぐらい前はまことに不人気な缶詰だった。

そのころはツナとはいわず「鮪フレーク缶」といっていた。

ぼくの記憶では鯖の味噌煮缶よりも位は低かった。

それで苦しまぎれにシーチキンなどといってみた時代もあったがそれでも人気は出なかった。

コーン入りとかビーンズ入りとかあってビールのあてにいい！
ツナコーン&
ツナ&コーン

それがどうです、マヨネーズと出会っていっしょになってツナマヨとなったとたん人気が出て一挙にスターダムにのし上がった。

ツナ単独ではどうにもならなかったのだ。

まあ、確かにツナ缶のツナは見映えがよくない。

刺身や寿司ダネにはマグロの面影が残っているが、ツナ缶のフレークをじーっと見つめていても、これがマグロだったとはどうしても思えない。

それにしても、あの巨大な胴体のマグロをここまで細かくほぐしちゃおうと思った人がいたわけで、その人はほぐすとき、あの巨体をこんなふうにほぐしたりしちゃいけないのではないか、とは思わなかったのだろうか。

ま、ふつうは、マグロの巨体を前にして、

「これをほぐして食べよう」

なんて思わないんですけどね。

ほぐされて見映えが悪くなってしまって、まるきりモテなくて悲嘆に暮れていたときにマヨネーズと出会った。マヨネーズというからには当然女性でしょうね。（ぜんぜん根拠ないけど）

むろん当時は出会い系サイトはなく、いまにして思えばよくぞまあ環境のまったく違う二人が出会えたものだとつくづく思う。

出会ったとたんに意気投合。

二人は文字どおり渾然一体となって奮闘努力、夫婦相和し、和気藹々《あいあい》。ことしも11月22日は「いい夫婦の日」ということでベストカップルが何組か選ばれたが、来年はぜひあの席に、ベストカップルとして〝ツナマヨ夫婦〟を呼んでやってくださいね。

B級の覇者ソース焼きそば

B級グルメといわれているものは世の中にたくさんあるが、その中でもB級度が一番高いのがソース焼きそばである。

コロッケ、ラーメン、たこ焼き、お好み焼き、おでん、おにぎりと並べていっても、ソース焼きそばのB級度は群を抜いている。

なにしろソース焼きそばは値段の高い材料をひとつも使っていない。

蒸しそば、キャベツ、豚コマ、基本的にはこの三つで成り立っている。

あとはモヤシや玉ネギなども入れたりするが、それだって値段の高いものではない。

だが、それだけがB級度が高い理由というわけではない。

もっと強力な理由があるのです。

それは「高級化への道を閉ざされている」という理由です。

アラ
おいしく
できたわ
不機嫌
ソース焼きそばは
夕食には
向かない

他のB級グルメ、たとえばコロッケはカニクリームコロッケという高級化への道がある。

ラーメンしかり、お好み焼きしかり、たこ焼きだって、「ウチは明石のたこを使ってます」という道がある。

なぜソース焼きそばは高級化への道が閉ざされているのか。

それはあとで述べることにして、いずれにしても、ソース焼きそばは一生懸命作ってもそれほどおいしくならない、ということは言えると思う。

また、うんと手を抜いてもそれほどまずくはならない。

だからソース焼きそばは、「うまい」とか「まずい」とか評価しないで食べるものなのです。

ラーメンでもコロッケでも、必ずうまいとかまずいなどの評価が伴うが、ソース焼きそばは黙って食べる。

黙って食べるといくらかおいしい。
とりあえずソースの焦げる匂い。
これがまたいい匂いなんですわ。たまらんのですわ。

ズズッと→
すすりこんだら抵抗にあい
このあと
どうしようか
と考えている

　醤油の焦げる匂いは世界中の人々の鼻をピクピクさせるといわれているが、ソースの焦げる匂いもそれに劣らんのですわ。

　油にまみれたモサモサした麺、これがまたモサモサとおいしい。

　日本における麺というものは、大体においてつゆの中にひたっていて、つゆといっしょにズルズルと口の中に入ってきてズルズルと口の中を通過していくものだが、ソース焼きそばに限ってモサモサと口の中に入ってきてモサモサと口の中で停滞する。

ふだんズルズルに慣れているからモサモサが新鮮に映る。

麺だからと、ついズズッとすすりこもうとして抵抗にあい、ほんとにもうあなたたちったらモサモサと絡みあい、もつれあい、まとまろうという気がまるでなくて、と、なんとかまとめようと口の中が躍起になるところがおいしい。

躍起の中でたまーにシャキッと出会うキャベツの小片、ムチッと歯にあたる豚コマの小片、たまーにであるから嬉しくありがたく、これがドサドサ入っていたら〝肉野菜炒め焼きそば入り〟になってしまう。

そしてですね、これは声を大にして言いたいことなのだが、傍らに添えられている紅生姜の有効性。

牛丼の紅生姜、稲荷ずしの紅生姜、お好み焼きの紅生姜に比べ、ソース焼きそばの紅生姜はいずれの場合をもはるかに凌駕《りょうが》してその存在感を示す。

合うんですねえ、ソース焼きそばと紅生姜。

強烈な個性と個性のぶつかりあいとでもいうんでしょうか。

それともうひとつ、青海苔。

これもまた、かけるのとかけないのとでは大きく味が変わる。

大きく味の変わった二種類のソース焼きそばを楽しめることになる。

蒸しそば、キャベツ、豚コマ、紅生姜、青海苔、すべて下手《げて》の味であるところへ下手の本職ソースが加わる。

この下手の砦の前に、高級材料は無力である。

豚コマをイベリコ豚に、キャベツを軽井沢の高原キャベツに、麺を北海道産高級小麦粉にしようが、下手のグループ、特にソースがそれらをすべて駄物《だもの》にしてしまう。

であるからして、ソース焼きそばは向上心を持って作ってはならない。いいかげんな気持ちでいいかげんに作るのが正しい。料理の本などには「ソース焼きそばをおいしく作るには」ということが出ていて、「豚コマは焼き色がつくまでいじらないこと」などと書いてあるのだが、いじらないことによっておいしい焼きそばができあがり、それがたとえ「おいしい!」ということになったとしても、それがどーしたって言うんだ。

たかがソース焼きそばだぞ。

ソース焼きそばがおいしいことは良いことなのか。あ、言い過ぎました。良いことです。

ま、いずれにしてもソース焼きそばは下手のもの。

よく「食べ物は器を選び、器は食べ物を選ぶ」なんてことを言って、ところてんなら江戸切り子、サンマには長方形の角皿、納豆は小鉢ということになるが、ソース焼きそばはどんな器に盛ったらいいのか。

万人が納得するソース焼きそばの器、それはもう「屋台で入れてくれるプラスチックのパッカン式容器」に決まってるじゃありませんか。あれがソース焼きそばには一番似合う。

だから家庭でソース焼きそばを作ってみんなでテーブルを囲んで食べる場合、あれに盛って食べるのが正しい食べ方です。

あ、そのとき、パッカン式容器のフタを閉じて、輪ゴムをかけるのを忘れないように。

カルピス＝薄いの思い出

いま五十代以上の人が同窓会を開くと、決まって話題になるのは介護、持病、年金だという。

このどれかを誰かが持ち出すと、座はひとしきりそのテーマで持ちきりになる。

こういう同窓会で盛りあがるテーマがもう一つある。

カルピスである。

介護、持病、年金という、どちらかというと暗めのテーマの中に突如としてカルピス。

急に座が明るくなる。

みんなの顔がとたんに輝く。

カルピスに関する思い出を、この世代の人たちは必ず一つは持っている。

「同窓会で話題が途切れたらカルピス」

と同窓会のベテランは言う。

「カルピスと言えば……」

と一人がひと膝乗り出す。

「うちはカルピスの管理が厳しかった」

「そうそう、うちは母親がカルピスの管財人だった」

「子供たちが勝手にカルピスを飲むなんて考えられなかった」

「必ず母親の許可を得て、母親の立ち会いのもとに飲んだものだった」

みんなの話をさえぎるようにして、誰もがカルピスの思い出を語ろうとする。

この世代の同窓会のカルピス効果は大きい。

戦後の日本には「カルピスの時代」があった。

確実にあった。濃厚にあった。

「三丁目の夕日」の時代あたりがカルピスの時代だった。

あのころのカルピスは高価だった。

高嶺《たかね》の花であった。

高嶺の花なのに、なぜかカルピスは各家庭に一本はあった。

「うちの母親はカルピスの瓶にマジックで印をつけていて、留守のときにこっそり飲もうとしてもダメだった」

「オレんとこは、自分ちでカルピスを買ったという記憶ないなあ」

「そうそう、お中元とかお歳暮なんかのもらい物」

「三本セットで箱に入っていて、まん中がだいだい色のオレンジカルピスで、両脇の二本が白」

そうだった、そうだった、と一同手をたたかんばかりに大きく肯《うなず》く。

なにしろ高嶺の花だったから、いざそれを飲むということになるとどうなるか。

「うちは三人兄弟だったから、まずテーブルの上にコップを三つ置く」

「うちは四人兄弟だったから四つね。

で、母親が厳かに水玉模様の包装紙のカルピスの瓶を取り上げて、四つのコップに少しずつ少しずつ注いでいく」

「みんなジーッとそれを見てんだよね。息さえしなかったなあ」

「母親が注ぎ終わると、みんなホーッなんて大きな息をして」

「緊張したよなあ。隣のコップと一ミリ違ったらただちに文句を言おうと思って」

そうだった、そうだった、確かにそうだった。

「でも、そのあと、子供たちといっしょに母親もカルピスを飲んだという記憶ないなあ」

「ぼくもない。統治はすれど参加せず、というのが、あのころの全国の母親のカルピスに対する基本姿勢だったように思う」

あのころのカルピスのあのシーン。

「カルピスの時代」は「家族の時代」でもあったのだ。

戦後の日本の清涼飲料水の歴史は麦茶で始まった。

どの冷蔵庫にも麦茶があった。

麦茶の全盛時代があったのだ。

そのあと、「渡辺のジュースの素時代」になった。

オレンジ色の粉末を水で溶いて飲んだ。

おいしかった。

「渡辺のジュースの素」に関しては母親の干渉がなかったから、子供は自分の裁量でいくらでも濃くして飲むことができた。

それに比べ、母親が作るカルピスは常に薄かった。

そのころの全国の子供たちの願いは、「もっと濃く」であった。

「一度でいいから原液で飲んでみたい、と思ったもんだよなあ」

「思った、思った」

どの家にも、その家の濃さがあった。

薄さがあった、と言ったほうがいいかもしれない。

みんなで遊んだ帰りに、友達の家に寄るとカルピスをごちそうしてくれることもあった。

その帰途、

「あいつんちの、薄いな」

とか、

「ヒロシんとこのはもっと濃いよな」

とか言い合ったりした。

そのころの子供たちは、カルピスの濃さ（薄さ）に関しては厳しいのだった。

大人たちもカルピスの濃さ（薄さ）には敏感で、よその家を訪問してカルピスを出されると、黙って飲みながら、

（この家のカルピスはかなり薄いな）

とか、

（氷を多くして全体を増量しているな）

とか、その件に関して、一度は考察を試みるのが常だった。

カルピスはその後、カルピスを水で割った「カルピスウォーター」を売り出す。

あのときのあの衝撃は大きかった。

そんなこととしていいのか、それ、アリなのか。

ぼくらは、カルピス＝薄める、で育った。

薄める儀式に意義があった。

薄める儀式の中に家族があった。

赤の他人が薄めたカルピスと、母親が薄めたカルピスは、まるで味がちがっていたのだった。

ミリン干し応援団

食べものと自分との間で、ときどき不思議なことが起こる。

デパ地下やスーパーなどで、いつも目にしているのに特に心を動かされることはなかったものが、あるとき急にクローズアップされてくる。

そういうことがときどきある。

最近ではミリン干しがそうだった。

ミリン干しは大抵のデパ地下やスーパーの棚に、少数ではあるがいつも並んでいる。いつも目に入っている。が、いつも気にとめることはなかった。

のに、あるとき急に、

「そういえばミリン干し！」

と、ミリン干しが生き生きとぼくに訴えかけてきたのである。

理由はわからぬ。

その日の心のありようとか、数日前にあった出来事の影響とか、その日の気圧配置とか、そういったものが関係していたのかもしれない。

居酒屋のメニューに
ミリン干しはまずありませんなー
※門前仲町の「魚三酒場」にはあります

そういえばミリン干し！

よくよく見ればミリン干し！

懐かしーなーミリン干し！

あるじゃないかミリン干し！（ずーっとあったのッ）

こうなっては買うよりほかはない。

アジのミリン干しとサンマのミリン干しを買った。

アジのほうは身長七センチほどの小さなものが九尾でタタミイワシ状に一枚となっており、これが一パックに三枚入っていて四八〇円。一尾約十八円。

いまどきこんなに安いものがほかに

あるだろうか。

サンマのほうは二尾ワンパックで三五〇円。

とりあえずアジのほうを金網にのせてガスコンロの火をつける。

火をつけて二秒ほどで、あー、懐かしいこの匂い、ミリンと醬油と干物が焦げることの匂い、ふりかけてあるゴマの匂い、思い出すなーこの匂い。

ぼくが子供のころ、わが家の食卓にはしょっちゅうミリン干しが載った。

ミリン干しの匂いは意外に強烈であった。ミリン干しの匂いが部屋中にこもった。

この匂いの中で、子供のころの思い出がいっぺんに甦った。

匂いは思い出を喚起するといわれている。

プルースト君はマドレーヌだが、サダオ君はミリン干しであった。

いまは〝甘いおかず〟ははやらないが、昔は甘いおかずがいくつかあった。

ミリン干しのほかに、でんぶ、のしイカを細長く薄く切ってアメのようなもので味つけした佃煮（やはりネバネバしている）、それからウグイス豆。

こういう甘いおかずでメシを食っていた時代が、一時期日本にあったのである。

思えばあのころがミリン干しの全盛時代であった。

ミリン干しの匂いは蠅の思い出を喚起するのであった。

なぜかミリン干しには蝿がたかるのであった。

やはり強烈な匂いのせいかもしれない。

当時は蝿と人間が共存している時代だった。

蝿は五月蝿いと書いてうるさいと読むように、やたらに食べものにたかってうるさく、わずらわしく、衛生的にも問題のある奴だったが、どことなく憎めないところがあった。一茶の、

最近ソフトミリン干しとかいって甘みをおさえた薄味のものが出回っているが
うまくないッ!

やれ打つな　蝿が手をすり　足をする

という俳句は、蝿との共存を呼びかけるポスターの標語としても立派に通用する。

いま考えると、懐かしい奴だったな、いまならペットとして一、二匹飼ってもいいな、なんて考える。

ミリン干しはアッというまに焼きあがる。

かじってみると、まずミリンの甘さが歯と舌にくる。うん、相当甘いな、そして相当硬いな、おおっ、なかなか食いちぎれないぞ、うん、こ

うして口の中に入ると、醤油の味とミリンの甘さが混じりあって、だけど甘さのほうがずっと強くて、その強い甘さが少しも嫌でなく、いまどきやはりこういう濃い味のおかずもなかなかわるくないな、と思う。

風貌も荒々しいが味つけも荒っぽい。そこが頼もしい。おかずという範疇から少し離れ、駄菓子系にちょっと接近した下手《げて》すれすれのおかず。

堂々と、荒々しくゴハンに立ち向かうおかず。

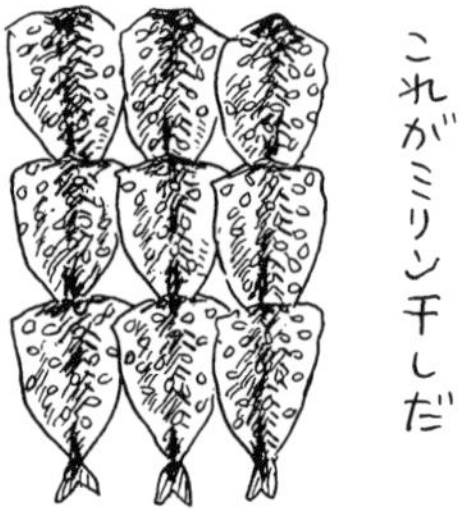

おかず界を見回すと、いまはどれもこれも軟弱なおかずばかりで、こういう強い個性を持ったおかずはめったにお目にかかれない。
びっしりと、様々に網羅されたおかず群の中に、〝甘くて濃い〟というスキマを見つけ、そのスキマにもぐりこんだスキマおかず。
全盛時代を誇ったミリン干しも、いまはスキマおかずとしてかろうじてその地位を保っているのだ。
その地位に、持ち前のネバリでしがみついて離れないミリン干しであるが、その前途は明るいとはいえない。

いまのところミリン干しはゴハンだけが頼りである。
ビールにミリン干し？
吟醸酒にミリン干し？
ワインにミリン干し？
サンドイッチにミリン干し？
どうも状況は甘くないようだ。
やはりゴハンにすがるよりほかはなさそうだ。
ミリン干しゴハンというのはどうか。
ミリン干しを料理包丁で細かく切り刻んで熱いゴハンに混ぜこむ。
とりあえずそんなところで頑張ってみてくれんか、ミリン干し君。

チキンラーメン四十五年史

インスタントラーメンがこの世に誕生したのが昭和三十三年八月二十五日。

誕生日がはっきりしている。

誕生日がはっきりしている食べものは非常に少ない。

たとえば牛丼に誕生日はあるだろうか。

鮪の刺し身に誕生日はあるだろうか。

日清食品の安藤百福会長が「チキンラーメン」をこの世に送り出してから、今年（平成十五年）で四十五年。

ぼくが下宿生活を送っていたのがちょうど四十五年前で、下宿屋のそばの定食屋の一番安い定食（魚肉ソーセージ定食）が四十五円だった。

日清のチキンラーメン一袋三十五円。

財政逼迫時の食事としてうってつけであったから盛んに愛用した。

チキンラーメンを一袋だけ買ってきて下宿の台所で袋を破って丼のまん中に丸い麺のカタマリを置く。

喫茶店などのマッチを並べるのがはやった
長靴
片手鍋逆手じか食いというのもはやった
食卓
(新聞紙)

湯をそそぐ。

お湯はどうしていたか。

ヤカンであった。ないしは小さな片手鍋であった。ポットはまだなかったからその都度沸かした。

ガスの点火はどうしていたか。

マッチであった。自動点火のガス台はまだなく、チャッカマンもない時代だった。

お湯をそそいでフタをして三分待つ。

いまだったらカップ麺に湯をそそいでから何か用事をしたりするものだが、どういうわけか当時は丼をじっと見つめて三分たつのをひたすら待っていた。

じっと見つめていても、突然煙が上がったり、丼がツツーと動いたりするわけでもないのだが、じーっと丼を見つめていた。

あれは何だったのだろう。

テレビもまだあまり普及していないころの、静かな生活のひとこまとしての三分間。

三分にほとんど意味がなかった時代に、インスタントラーメンは画期的な意味を与えた。三分でラーメンが出来上がるという意味を与えた。三分を時間の中から切り取ったのだ。

三分たって丼のフタをあける。

言い忘れたが、この丼は町の蕎麦屋などで使っている立派なフタのある立派な丼である。

こういう丼が各家庭に必ず一つか二つあった。

なぜあったかというと、出前を取ったあと、ズルをして返さなかった丼なのであった。三分たってズル丼のフタをあける。

立ちのぼる焦げたような匂い。

醤油系のものを鍋に焦げつかせ、洗ったんだけども落ちなかったというような匂い。

当然だが丼の中はツユと麺だけ。

いまはスープなんて言うが当時はツユ。

いまは麺にコシがあるとかないとか言うが当時はコシ抜き。

ただゆるゆる。ただずるずる。ただべろべろ。

だからこの麺は〝伸びる〟ということがなかった。最初から伸びていたからである。

この〝最初から伸びている麺〟が旨かった。

お腹がすいているときなど、世の中にこんな旨いものがあるのか、と思うほど旨かった。

あれから四十五年。

他のインスタント麺は様々に進化し、様々な工夫の歴史を歩んできたわけだが、このチキンラーメンのほうは進化の道をたどったのだろうか。

スーパーに行って一袋買ってくる。

袋の意匠は黄色い横縞のままでほとんど変わっていない。一袋八十二円。

たまごポケットを新設

四十五年前の様式美を守って作ってみようと思った。

すなわちジャーの湯ではなく片手鍋の湯。丼はズル丼。

袋を破る。

おお、四十五年前と全く変わらぬ丸い形、色、ちぢれ工合。

ただ、卵を割って麺の上にのせたときにすべり落ちないように「たまごポケット」が設置されているところが違う。（設置といってもまん中が凹んでいるだけだけどね）

丼に麺を入れ四百ccの熱湯をそそぐ。フタをする。伝統の作法にのっとり何もせずじっと見つめて三分待つ。

三分待って丼のフタを開ける。

立ちのぼる湯気。

四十五年前と全く変わらないあの焦げくさい匂い。

四十五年前と全く同じ油脂を全く感じさせない醤油系のスープ。

そして、ただゆるゆる、ずるずる、べろべろの麺。

四十五年間、何の進化も目指さず、ただ何もしないことにのみ腐心してきた製作陣の努力を思うと、頭が下がる思いでいっぱいである。製作陣は、あえて改良を目指さなかったのだ。

改良すべき点はいくらでもあった。

そしてその改良点は容易に、すぐに改良できた。

それなのに、身じろぎ一つせず、息をひそめるようにして四十五年間を過ごしてきた製作陣の苦衷は察するにあまりある。

なぜ改良を目指さなかったのか。

それは日清食品が、次のことを世に訴えたかったからに違いないのだ。

日清のチキンラーメンは、麺が伸びてもおいしい、というか、伸びる伸びないを問題にしない。

これまでの「麺↓伸びる↓まずい」の歴史を、「麺↓伸びる↓旨い」の歴史に変えた、ということができる。

つまり「その時歴史が動いた」のである。

このあたりのことを「プロジェクトX」に仕立てあげ、ナレーションは松平定知アナのほうにして見たいなあ。

4章 場違いに屈せず編

ミニマム・ド・パリ

人間、ときには突如として猛勇を奮い起こすことがある。

眠れる獅子も、ときには目を醒《さ》ますのだ。

諸君！　われわれをあなどってはいけない。

いつもF氏と二人、グータラグータラと惰眠《だみん》をむさぼってばかりいるわけではないのだ。

中年とはいえ、まだ冒険の心を失ってしまったわけではないのだ。

やろうと思えばやれるのだ。

なめちゃいけない。みくびってもらっちゃ困るのだ。

一体なにを一人で興奮しているのかというと、とにかくどえらいことになったのだ。

われら中年二人、世界に冠たる超高級レストラン、「マキシム・ド・パリ」に挑戦してみようということになったのである。

かのオナシス氏、マリア・カラス、イブ・モンタンなどの、世界の超一流の方々が、ここでお食事をしたという畏《おそ》れ多いレストランなのである。

そこにわれわれ中年二人が、マナジリ決して飛び込もうというのである。

人間、死にもの狂いになればなんだってできる。

レストランというところは、楽しくお食事をするところであって、マナジリを決したり、死にもの狂いになったりして飛び込むところでないことは、われわれだって充分承知している。

人々が、楽しくお食事をしているところへ、死にもの狂いで飛び込まれたりしたら、向こうだって迷惑だということもわかっているつもりだ。

しかし死にもの狂いにならないで、一体だれが、ああいうところへ入っていくことができようか。

なぜこのような、身の毛のよだつような恐ろしいことを決行しようということになったのか、というと、その辺は未だにはっきりしない。

おぼろげながら覚えていることは、大体次のようなことなのである――。

ある夜、Ｆ氏とぼくはいつものように縄ノレンでトグロを巻いていた。

そしてクダを巻き、オダをあげ、ムダな時間を過していた。

そして中年の男にありがちなように、世の中を慷慨《こうがい》していたのである。

たしか、

「ミニスカートがなくなるのはけしからん」

というような高邁《こうまい》な話題であったと思う。

諸賢すでにご案内のとおり、酔っぱらいの思考は、常に飛躍を伴う。

そしてまた、一見飛躍しているようにみえて、その奥深いところでは、本人にとっては意外に正確な論理のつながりがあるものなのである。

「けしからん話だ。最近の女共の、あの雑巾《ぞうきん》みたいな長いスカートは、あれは一体何事であるか」

「なんとかいいましたナ、あの長いスカート」

「ウム、なんでも、ミモレとかマキシとか、なんとか」

「なにがマキシだ！　マキシはけしからん」

「マキシもけしからんが、マキシムもけしからん」

「え？」

「マキシム、とかいう高級レストランがあるでしょう。けしからんではないですか」

「ウム……そう……なんだかよくはわからんが高級レストランはけしからん」

一見論理が飛躍しているように思えるが、二人の奥深い心理の底では、ちゃんと奥深くつながっているのである。

ミニがなくなったからマキシムへ
MAXIM'S DEPARIS

「よし、マキシムにのり込もう！」

「そうだ。一寸の虫にも五分の魂だ！」

このへんの飛躍もまた、尋常一様のものではないが、しかしその心情は、理解できないものではない。

ミニスカートがなくなるから、高級レストランへ死にもの狂いで突入しよう、こういう行動原理も、あながち全面的に否定できるものではないのである。

人間の深層心理というものは、非常に複雑なものであるからだ。

われわれは、こうして突如、惰眠か

ら目醒めたのである。

いよいよマキシムにのり込むという日の前夜、Ｆ氏から電話がかかってきた。先日の勇壮な突入宣言とはうって変わって、なぜか不安におののいたような低い声であった。

「あのネ、マキシムに行くには、ちゃんと背広にネクタイを締めていかないと、ボーイに馬鹿にされるそうですよ」

「あの、ぼくもその心づもりはしておりましたのですが」

ぼくの声も、なぜか震えを帯び、馬鹿丁寧になっていた。

それからしばらくして、またＦ氏から電話がかかってきた。

「あのネ、ワイシャツはネ、ちゃんと袖の長いのを着ていかないと、ボーイに馬鹿にされるそうですよ」

ぼくは半袖ではなく、袖の長いのを着ていく旨《むね》を伝えて電話を切ると、またしばらくして電話が鳴り、

「それからネ、スープをズズズズと音をたててすうと、ボーイに馬鹿にされるそうですよ」

ぼくは、スープはズズズズと音をさせない旨を伝えて電話を切った。

F氏は、どこからか、「高級レストランでボーイに馬鹿にされる実例集」とでもいうような書物を手に入れてきて、それを丹念に調べているもののように思われた。あすの「突入」を前に、F氏は不安な一夜を過しているらしく思われた。

むろん、ぼくにとっても不安な一夜であった。

頭の中で、ナイフやらフォークやらスプーンやらナプキンやら雑多なグラス類が、ガチャガチャと音をたてて回転しているのであった。

それから、背後にひっそりと立って、客の動向を監視している、黒背広のボーイが頭に浮かんだ。

メシを食うときに、うしろに立っているボーイぐらい邪魔なものはない。あれさえいなければ、心おきなく、自分のやりたい方法でメシが食えるのだ。

監視つきでメシを食うのは、刑務所の中と決まっている。

彼らはなんのためにああして立っているのかというと、客がなにかヘマをしたら、すぐ馬鹿にしようと思って立っているのである。

翌日、マキシムのあるソニービルの前で、二人はおびえた目つきをして再会した。

二人はすでに挨拶を交わす余裕さえなく、地下にあるマキシムへの階段を降りていった。

「高いだろうなァここ」

Ｆ氏には、別の新たな不安が湧きあがったようすである。

「取材費で大丈夫なんでしょ」

「ええ、まあ、そうなんですが、やはり、その……」

どうやら取材費といっても、やはり限度があるらしい。

「ま、いいや。どうしても足りなかったら、あとで土方でもなんでもやってなんとか」

「ぼくも土方でも便所掃除でもなんでもやりますから」

ドアのところにボーイが立っていて、

「お二人ですか」と訊く。

「お二人ではいってきたんだから、お二人に決まってるじゃないかッ」

と、怒鳴《どな》りたいのをジッとこらえ、うなずくと、ボーイは先に立って歩いていき、奥まったテーブルの一つを指し示す。

ここにすわれ、ということらしいので、そこにすわる。

「ホーッ」

「フーッ」

二人、同時にため息をつく。
入口からテーブルに到着するまでの過程で、二人共かなりの精力を使い果たしていたのであった。

内部がどうなっていたか?
イスはどんなイスだったか?
テーブルはどんなテーブルだったか?
覚えてないのでかけないのですスミマセン

今になって思い返してみても、内部の造りがどうなっていたか、まるで思い出せない。

シャンデリヤが下がっていたような気もするが、なかったような気もする。

あとでF氏にも訊いてみたが、

「とにかく豪華だった」

というだけで、彼もまるで覚えていないのである。

ただ、フランス人の楽隊が、小さな舞台みたいなところで音楽を奏《かな》でていたのと、黒背広のボーイが、やたらにワラワラと、あちこちに蝟集《いしゅう》していたのが記憶に残っているだけである。

ボーイの衣裳は、よく見ると黒背広ではなく黒の燕尾服であった。

やはりこれは、ただごとではない。

そしてなにか料理を注文すると、この燕尾服の集団が、ワゴン数台を押しながら、むらがるように押しよせてくるのである。

やはり聞きしにまさる恐ろしいところであるようだ。

「もはや土方は既定の事実となりましたナ」

「土方だけではダメかもしれません。沖仲仕とか、ダンプ運転なども考えておかないと」

燕尾服がメニューを持ってくる。

新聞の半ページぐらいのメニューである。

そいつを恭しく差し出したので恭しく受けとる。

メニューを受けとった、というより、「持たされた」という感じである。

とりあえず拡げる。

フランス語と英語と日本語がビッシリと書きこんである。

呆然となった頭には、ただ、「文字がたくさん印刷されてあるなあ」という感慨しかない。

うしろでは燕尾服が、

「さア、どうする？　どうする？」

といった感じでひかえている。

F氏もやはり超大型メニューを持たされて放心したような顔付きになっている。

「どうしましょ」

「どうしましょ」

二人同時に声をかけ合い、これは返事を期待していったわけではなく、二人共また放心したようにメニューに目をおとす。

いつまでも呆然としてるわけにもいかない。呆然としにきたのではなく、メシを食いにきたのである。

なにしろ新聞半ページに文字がビッシリである。一つ一つ真剣に検討していたら、決定までに、まあ二日ぐらいはかかるであろう。

しかし、いつまでも検討ばかりしているわけにはいかない。

メニューを検討しにきたのではなく、メシを食いにきたのである。

しばらくメニューを見ていると、全体が、「前菜」「スープ」「鮮魚」「アントレ」

(意味がわからぬ)「グリル」「野菜」「デザート」の各部に分かれているということが、おぼろげながら判明してきた。

「結局、各部から一つずつ取る、こういうことになるのでしょうな」

「そのようですな」

F氏がうつろな目で答える。

前菜のところに、スモークサーモン、千五百円という文字が見える。

F氏はまず、それに決める。

「ぼくはね。このフォアグラっていうの前から食べてみたかったんです。これ、いいでしょ」

F氏は、フォアグラ、三千円という文字をチラと見て、

「いいです、いいです。いざとなれば土方でもなんでもやりますから」

前菜だけで十六種類、スープは十種類もある。

「次はスープですな」

「ウーム」

時間は刻々と経過してゆく。

燕尾服はニコリともせずうしろに立っている。

気ばかりあせる。

Ｆ氏はやっと六百円のオニオンスープに決め、ぼくは八百円のムール貝のポタージュというのに決める。

「やっと、スープの部まで片づけましたな」

「まだまだあと、鮮魚、アントレ、グリル、野菜、デザートと続きますぞ」

「魚は食べ方がむずかしいからやめときましょう」

「次は、わけのわからんアントレか」

ここも、鳥や肉などの料理である。

「エート……ウーム」

「なんだかもういやになってきましたな」

「しかし、ここでくじけちゃいけません。歯をくいしばって頑張らなくちゃ」

アントレというところから、Ｆ氏は二千六百円の「鴨蒸焼洋桃添え」というのを頼み、ぼくはグリルというところから四千四百円の「フィレステーキ」を注文する。

「あと野菜とデザートだけです。頑張りましょう」

「もう一息ですからな。力の続くかぎり頑張りましょ」

互いに励ましあって、ぼくは「洋茸ソテー・七百円」、Ｆ氏は「ホーレン草ソテー・

八百円」を注文する。

デザートのところまでくると、もはや思考力の限界を感じたが、また互いに励ましあって、「スフレ生姜風味（お待時間三十分）二人前千四百円」を注文した。

ちなみに、コーヒー、紅茶は二百五十円である。

注文し終って、二人同時に大きく「フーッ」とため息をつく。

本日の全行程は、これにて終了した、というような安堵《あんど》感があった。

しかし、これで全行程が終了したわけではなかった。今度は注文したものを摂取しなければならない。

注文が終ると燕尾服は、メニューをパタリと閉じ、

「テマあ、かけやがって」

というような視線を眼下のわれわれに投げると（おびえているわれわれには、そういうふうに感じられるのである）、堂々と退却していった。

激しい疲労を覚え、グッタリとイスに背をもたせかけていると、再び燕尾服がわれわれのテーブルに進撃してきた。

二人共ギクリとなって起きあがると、

「お飲物はいかがいたしましょう」

と別の燕尾服がいう。胸にヘンなメダルみたいなものをぶらさげている。まだあったのである。

「やはりワインということになるのでしょうな」とF氏。

再び大型のワインリストを持たされ、二人首を突き合わせて見たものの、なにがどうなっているのかわかるわけもなく、あまつさえ、八千円、一万円、二万五千円という文字さえ見える。

二人、再び呆然と放心していると、燕尾服は気配を察してか、このあたりいかがでしょう、指さしたところを見れば、四千円という文字が見える。

「これ！」

二人同時に飛びあがらんばかりに叫んだ。

F氏は、しばらくうつろな目で天井を見ていたが、ややあって指を折りつつ何事かを計算し、計算し終ると再び、「フーッ」とため息をついてつぶやく。

「いいんです。いざとなれば土方をやればいいんだから」

「ぼくも便所掃除でもなんでもやります」

フランス人の楽団は、シャンソンらしきものを静かに奏でている。

外人の客たちは、ワイングラスをかたむけつつ、静かに会話を交わしている。

アベックの席のところには、バイオリン弾きが、バイオリンを弾きつつ、優しい愛の調べを歌いかけている。

なんとも優雅な雰囲気の中で、中年男の二人の客だけが、土方と便所掃除の話をしているのである。

やがて、スモークサーモンとフォアグラがきた。フォアグラは厚さ約一センチ、直径約五センチほどの大きさである。ちょうどマッチ箱二つ並べたぐらいの大きさである。それが三千円。

「三千円あれば、親子四人で悠々食事ができますな」

「いやいや親子四人に、親戚のおばさんを招《よ》んでも悠々食事ができる」

それから鴨蒸焼とフィレステーキがきた。

これらは二台のワゴンと共にわれわれのところへ押し寄せてきた。

ぼくらのテーブルを、五人の燕尾服が取り囲み、切ったり焼いたり、炎を高く噴きあげたり、大変な騒ぎになった。

　ぼくら二人は生きた心地もなく、なにかとんでもないことをしでかして、この五人の黒服の男たちに責められているような気さえした。

　マキシムにきて、すっかりミニマムになってしまった二人は、また大勢の黒服の男たちに見守られながら、それらを摂取し始めた。

　やはり生きた心地はしなかった。

「どうです？　味は」

　とF氏。

「エ？　味わって食べるんですか、これ。ぼくはただ噛みくだいて飲みくだしているだけなんですが」

　それにしても突っ立って見ている燕尾服が気にかかる。

「あいつら、ああやってただ突っ立ってないで、なにか仕事をすればいいのに」

「しかし、彼らはああやって突っ立っているのが仕事なんでしょ」

「なるほど。そういうわけですな。ハハハ」

　それから約一時間後、二人の中年男は、マキシムのドアからよろけるように出てきた。

二人の顔には疲労の色が濃かった。やつれさえ感ぜられた。

普通、これだけの大御馳走を食べると、元気百倍、精力モリモリ、顔色ツヤツヤとなるものなのであるが、この二人は、大御馳走を食べて、やつれてしまったのである。

お勘定は二万四千三百円であった。

マキシムの階段を、ヨタヨタとあがってぼくらは外へ出た。

F氏はこれから寄るところがあるという。

「で、どこへ?」

「ハイ。土方のクチをさがしに」

寿司の騒ぎ

寿司が嫌いな人はめったにいない。

「ｄａｎｃｙｕ」というグルメ情報誌の「私の好きな食べ物」という読者アンケートでは、寿司が堂々一位になっている。

二位がラーメン、三位蕎麦、四位カレー、というような順序になっている。

ぼくも寿司が好きだ。寿司のことを考えると楽しくなる。

とりあえず中トロあたりからいきましょうか。

中トロが、針先のような細かな脂の汗をびっしりかいて、酢めしの上におおいかぶさっている。

脂のまわった大年増が、腰のあたりをヒシと、年下の酢めしの腰のあたりに押しつけているようで、なんだかなまめかしい。

そのなまめかしいやつを、右手でつまみあげて醤油を少しつけ、口の中にパクリと放りこむ。

中トロにサクリと歯が入って、酢めしが口の中でハラリとくずれる瞬間がいい。

マグロの脂が舌をこすり、酢の香りが口の中にひろがり、甘い酢めしとマグロと醤油とワサビが混じりあって、刻一刻と一つの味になっていく。

いい魚には、独特のいい香りがあって、この香りが寿司の味をいっそう引き立たせる。

うっとりとなったところで、大きくて重くて熱い湯のみの、緑の色濃い粉茶をすする。

寿司は確かにうまい。

ところが、

「寿司は好きなんだが、寿司屋が嫌いだ」

と言う人は多い。

寿司屋というところは、まことに入りづらいところだ。

初めての店に、おめず、おくせず入っていける人は珍しい。

テーブルで、一人前いくらの寿司を食べるなら何の気苦労もいらない。

しかし、ひとたび、初めての店で、カウンターにすわって、あれこれ握ってもらって食べるということになると、突如、数々の難題が身の上にふりかかってくることになる。

勇気をふるって店の前に立つ。

戸が開く。

カウンターにすわった常連らしいのが二、三人、いっせいにふり返ってこっちを見る。

（なにしに来た？）

という顔つきである。

カウンターの中の店主をお守りする番犬の群れ、という観がある。

もう一度勇気をふるってヘコヘコと前進し、常連サマの間をあけてもらってカウンターにすわる。

寿司屋のオヤジというものは、もと

もと客を馬鹿にしようとして待ち構えているものなのである。

特に高級な店のオヤジがそうだ。

〝客を馬鹿にして何十年〟というオヤジが、何とかして客を馬鹿にしようと、手ぐすね引いて待ち構えているのだ。

客のほうは、（寿司屋で何とか馬鹿にされまい。何とか恥をかかずにすましたい）と思って、いろいろ勉強して出かけて行くのだがそれはムダなことだ。

何しろテキは、〝この道ひとすじ。客を馬鹿にして何十年〟というその道のプロなのだ。

初めての店にヘコヘコと入って行ってカウンターにすわり、店内を見回す。

この店の値段を知る手がかりはないか。

値段表のようなものはないか。

むろん、そんなものはどこにも見当らない。天井を見上げるフリをしながら、もう一度店内を見回してさがすが、むろんそんなものはどこにも見当らない。

（さがしてる。さがしてる）

とオヤジはほくそ笑んでいる。

（楽しいんだよなあ、これが）

とオヤジは嬉しくてたまらない。

（これが楽しくて、オレ、この商売やってんだよね）

と笑みがこぼれる。

常連も、

（さがしてる。さがしてる）

と、嬉しくてたまらない。

（これが楽しみで、この店に通ってんだよね）

と、お互いにうなずきあう。

おしぼりが出て、手を拭いて、ビールをもらって一口飲んで、店のオヤジも客も、双方「さあ」という態勢になる。

なにからいこう。

オヤジは、講演会の講師のように、カウンターに両手を大きく広げてつき、上半身をグッと乗り出して、

「さあ、何から馬鹿にしましょうか」

というポーズになる。

客はあせって、

「そ、そのイカの横にあるアジあたりから馬鹿にしてください」

と指をさす。

オヤジはあわてず騒がず、

「これはアジじゃなくてコハダ」

やっぱり馬鹿にされた、と、客は恥ずかしく、くやしく、なまじ知ったかぶりして魚の名前を言ったのがいけなかった、と反省する。

そうだ、謙虚にいこう、そう思い、ガラスのケースの一角を指さし、

「これは何ですか」

と訊くと、

「魚だよ」

という答。

客はもうどうしていいかわからず、そうだ、オヤジのおすすめを頼もう、それが一番いい、と思い至り、

「きょうは何がおいしいですか」

と訊くと、

「うちはまずいものは置いてないね」

とニべもない。

オヤジにとっては、このあたりは「客を馬鹿にする教本・初歩の部」だから、赤子の手をひねるよりやさしい。

客は、カウンターに突っぷして泣きたい気持ちを抑え、歯をくいしばって怒りをこらえる。肩がふるえて、ビールをつぐコップがカタカタ鳴る。

（この音を聞きたくて、オレ、この商売やってんだよね）

と、オヤジはますます嬉しくなる。

話は急に変わるが、ホテルというところも、寿司屋と同じように、客を馬鹿にする商売である。

何とかして客を馬鹿にしよう、田舎もんをあざ笑おう、と待ち構えている。

だから、大抵の人は、大きなホテルに入っていくときは、ドアのところですでにオドオドしてしまう。

ホテルには、必ず一軒は寿司屋がある。

もちろん、超高級寿司屋だ。

こういうところの寿司屋は恐ろしい。

ホテルと寿司屋という、馬鹿にするほうの二大巨頭が、手をたずさえて、二段構えで客を馬鹿にしようと待ち構えているのだ。

何にも知らずに入って行った客は、当然店内で悶死することになる。

こういう店の入口には、黒板がかかっていて、「本日の悶死2」などと表示してあることが多い。（ような気がする）

それにしても、最近の寿司屋は様子がおかしい。

テレビのグルメ番組を見ていても、調理人の中で、寿司屋のオヤジが一番慇懃《いんぎん》だ。

無礼とは言わない。

慇懃で、何だか冷やかで、ヘンにとりすましていて、ヘンに上品ぶって、ヘンに人を見下すような態度を見せる。

客のほうもヘンにへりくだって、

「それではこの大トロ、いただかせていただきます」

なんてかしこまっている。

先だってもテレビを見ていたら、押しも押されもせぬNというベテランの俳優が、寿司の名店に出かけていってヘコヘコしていた。

カウンターに、殿様の前にまかり出た家来のようにはいつくばって、

「では、この見事な大トロ、いただかせていただきます」

なんて言っている。

その大トロをいただいて、

「いやあ、ご主人。これはもう……、あれです、言葉になりません」

と、うめくように言っている。

店主のほうは、（いまさら、うちのマグロでガタガタ騒ぐんじゃねーよ）というふうに、冷やかに包丁を布巾で拭いたりしている。

なぜ人は、寿司屋でおびえ、緊張し、店主を敬い奉ったりするのであろうか。

その理由はただ一つ、寿司の値段が高いからである。

あさましい話ではないか。

あさましい世相ではないか。

金権主義、金《カネ》至上主義が、寿司屋にまで及んでいるだけの話なのだ。

もしギョウザが異常に高いものだったら、この俳優だってギョウザ屋でおびえ、緊張するにちがいない。

ギョウザ屋の亭主の前に、はいつくばるにちがいない。

「では、このギョウザ、いただかせていただきます」

と言ってギョウザを食べ、

「いやあ、ご主人。これはもう……、あれです、言葉になりません」

と、うめくように言い、ギョウザ屋の亭主は冷やかにニンニクを刻む、ということになるのである。

高級な寿司屋の寿司は、一体いくらぐらいするのだろうか。

その話になると、あたり一帯は急に暗雲がたちこめてくる。

ただここに、一つだけ手がかりがある。

文藝春秋発行の『ベスト　オブ　すし』に、そのナゾの一端が解きあかされている。

新橋の超高級店「I」の値段表が公表されているのだ。

それによれば、

とろ　一五〇〇円
赤貝　七五〇円
うに　八五〇円
たこ　四〇〇円
穴子　五〇〇円

ということになっている。

寿司屋はふつう、「とろ」と注文すると二個握って出してくるが、これは一個の値段である。

先述のNという俳優の食べた店のトロは、それ以上と言われているから、二〇〇〇円ぐらいするのかもしれない。

町中のふつうの寿司屋だったら、特上の握り一人前で一五〇〇円といったところだろう。

なのにこの「I」は、トロ一個が一五〇〇円。一個パクリと食べると一五〇〇円。

寿司一個を、大体十回嚙《か》んで飲みこむとすると、ひと嚙み一五〇円。

上の歯と下の歯を一回衝突させただけで一五〇円取られる。二回衝突させると三〇〇円。三回で四五〇円。四回で六〇〇円。

「もう、嚙むのがこわい」と言って、

丸飲みにしても結局は一五〇〇円取られる。

寿司屋が恐れられている理由のもう一つは、食べ方がむずかしい、ということであるようだ。

やれ、注文の順番がどうだ。やれ、手で食べるべきか。やれ、箸のほうが正しい。やれ、一口で食べるのか。やれ、食いちぎってもいいのか。やれ、醤油はどのあたりにつけたらいいのか。やれ、ネタは上向きで口に入れるのか、下向きで入れるのか……。

もともと寿司なんてものは、どう食ったっていいものなのだ。流儀も様式もないのだ。手で食おうが箸で食おうが、食いちぎろうが、嚙まずに丸飲みにしようが、鼻の穴に押し込もうが、客の勝手なのだ。

ただ寿司は、値段が高くなったために、急遽《きゅうきょ》、格式が必要になった。

ギョウザだって、値段が急騰すれば、必ず様式が生まれてくる。

ギョウザは手で食べるべきか、箸で食べるべきか。タレはギョウザのどのへんにつけるべきか。一口で食うべきか、食いちぎるべきか……。

寿司は手で食べるのか、箸で食べるのか。

「にぎり寿司は手で食べるもの。当店では箸を出しません」（築地・龍寿司）という店さえある。

さあ、どうする。

テーブルで一人前の寿司を食べるときどうする。

オレの勝手だ
すし
と
鼻の穴に
押し込んでる人

一人前の入った寿司桶に手を突っこんで、手づかみで寿司を食べるのはかなりの抵抗があるのではないだろうか。

ベッタリと煮ツメが塗られたアナゴなんかは、手で食べたあと、その手をどうするのか。

「寿司は手で食べたほうがおいしいと思うけれど、箸の使い方が上手なお客さんは〝こわい〟と思う」（銀座・寿司好《よし》）という店もある。

初めて入った店ではその店の流儀がわからない。

箸で食べる客を尊敬する店もあるだ

ろうし、軽蔑する店もあるにちがいない。

そのあたりがよくわからないときは、とりあえず箸を使って食べ、店主の顔色をうかがいながらときどき手を使って食べ、手でだって食えるんだかんな、ということをアピールし、しかし、手にこだわっているわけではないんだかんな、というアピールするためにこんどは箸を使い、アピールにつぐアピールの気づかいでヘトヘトになってしまう。

醤油はどのあたりにつけるのが正しいのか。

「酢めしのところにだけはつけてくれるな」

という店が多い。『醤油を吸って辛くなってしまう』というのがその理由らしい。

「ネタを下、ななめ気味にしてネタのほうだけに醤油をつける」というのが正しいらしい。

それはそれでいいとして、じゃあ鉄火巻はどうやって食べたらいいのか。

いちいちマグロを引きずり出して醤油をつけ、しかるのちに元の穴に収納しなければならなくなる。

ネタを上側にして食べるのか、下側にして食べるのか。

先述のNは、ネタを上側にして食べていたがどちらが正しいのか。

志賀直哉の『小僧の神様』には、次のようなくだりがある。

「此間《このあいだ》君に教はつた鮨屋へ行つて見たよ」

「どうだい」

「中々旨かつた。それはさうと、見て居ると、皆かう云ふ手つきをして、魚の方を下にして一ぺんに口へ抛《ほう》り込むが、あれが通なのかい」

「まあ、鮪は大概ああして食ふやうだ」

これに限らず、いろんな文献をあさってみても「ネタ下」がどうやら正しいらしい。

ネタが下だと、刺身がまず舌の上にくることになり、刺身の味がよくわかる。

ネタが上だと、舌の上にまず酢めしがきて、刺身の味は酢めしと混じりあった時点でしか味わえないことになる。

なるほどと思い、ネタを下にしてマグロを食べ、イカを食べ、コハダを食べ、次に、

「アジ」

と注文する。つけ台にアジが置かれる。

アジには切れ目が入っていて、そこのところに生姜《しょうが》をおろしたのと、アサツキの刻んだのがのっかっている。

これを定法どおり、ネタを下にして口に運ぼうとするとどういうことになるか。

ウニも同様にして食べようとするとどういうことになるか。

煮ツメののっかったアナゴを同様に口に運ぶとどういうことになるか。

注文の順番の問題はどうか。

いまのところは「最初は味の淡白なヒラメやスズキなどの白身。次にアブラの濃いマグロ関係。そして煮ツメのかかったアナゴ、シャコなどの甘いもの。最後を、鉄火、カンピョウなどの海苔巻でしめる」というオーダーの仕方が大勢を占めているようだ。

淡白なものから濃厚なものへ、という路線である。

大いにうなずけるところのあるオーダーの仕方だ。

と思って安心していると、

「まず最初にアブラが多いマグロを食べて、次に光ものでアブラを消す。そして白身、次に煮ツメのついた甘いもの……、という順番がいい」（八重洲・おけい寿司）という店もあるのだ。

要するにです、寿司はどう食ったっていいのです。

客はヘコヘコする必要は少しもないし、店のオヤジが威張るいわれもないのだ。

ホテルの中の超高級店に行っても、堂々としていればいいのだ。

ヘコヘコじゃなく、ズカズカと入っていって、ドッカとすわり、

「おう、オヤジ。きょうは何がうまいんだい。一番うまいやつを握ってくれィ」

と言ってやるべきなのだ。

そのあと、どうなるかは責任持たないけどね。

ホテルのバーはこわい

ホテルはこわい。

とてもこわい。

どんなふうにこわいかというと、いろんなふうにこわい。

まず、回転式のドアがこわい。

回転式のドアは、最初に一歩踏みこむときのタイミングがむずかしい。

誰もが、セーノ、という感じになる。

孫の結婚式に茨城県からやってきたおばあさんが、ホテルの回転式ドアの前で最初の一歩がどうしても踏み出せず、親戚中の人に励まされてようやく中に入ったものの、こんどは出ることができず、回転式ドアの中を三時間歩いたのち、ようやく赤坂消防署に救出されたという話を聞いたことがあるような気がする。

ホテルのロビーもこわい。

ぼくはホテルには、年に一回か二回ぐらいしか用事がないので、ホテルに慣れるということがない。

だからいつ行ってもヘドモドする。

だがヘドモドしてることを、ロビーにいる人々に知られたくない。

ロビーの要所要所に配置されているボーイ諸君に悟られたくない。

「慣れてんだよ、こういうとこは」という態度で臨みたい。

だが彼らはプロである。

どういうプロかというと、〝ホテルに慣れてない人をただちに馬鹿にするプロ〟である。

慣れてるふりなんぞ一目で見破られる。

そう思うと気が気じゃない。

ロビーで人と待ち合わせ、相手がなかなか来ずソファから立ったりすわったり、キョロキョロ見回したりしていると、「キョロキョロしてる人、すなわち慣れてない人」と判定され、ただちに馬鹿にされたのではないか、と、どっと冷や汗が出る。

ホテルのバーもこわい。

どうしてもふつうに振る舞うことができない。

ホテルのバーは入り口のところが薄暗く、なんだか荘厳な造りのところが多く、「下手な気持ちで入ってきてもらっては困るんだよね」

という雰囲気がある。

こっちだって下手な気持ちで入ろうなんてつもりは毛頭なく、むしろガチガチにカタまって肩に力が入り、体がナナメになってよろけてころんだりする。

ホテルのバーは、入ってきた客に対して、本当によく来てくださいました、という態度はとらない。

これが「つぼ八」とかならば、いっせいに、

「らっしゃーい！」

の大声がかかるところなのだが、ホテルのバーではそういうことはない。

一度、ずらりと並んだバーテンダーの人々に、いっせいにそう叫んでほしい気がする。

ホテルのバーで人と待ち合わせをして相手より先に着いてしまい、カウンターに一人ですわることがある。

バーテンが一人、客は常連らしい人とぼくだけ。

バーテンはその客と話の続きをしていてなかなか来ない。

馬鹿にしてるのではないか。

ようやく来たのでビールをたのむ。

馬鹿にされたのではないか。

ホテルのバーでビールなんか。

やがてビールがくる。

小ビンである。

ホテルのバーのビールは小ビンと決まっている。

よく冷えたグラスにビールをゆっくりとついでくれる。

カウンターでこうしてもらうのは自然に感じるが、ソファの席のほうだと違和感がある。

ソファにすわっているぼくの目の前で、テーブルの上のグラスに小ビンのビールが、ゆっくりゆっくりつがれる。

ゆっくりついでいって一度中断し、またゆっくりゆっくりつぎ足していく。

ぼくはこれをじっと見つめているわけなのだが、あれはじっと見つめているのが正しいのだろうか。

居酒屋だったらビールなんか自分でジャバジャバってつぐもんだろうが。人についでもらうようなもんじゃないだろうが。しかも小ビンだろうが。

じっとすわって、ついでくれるのをじっと見ていると、なんだか介護を受けているような気がしてくる。

ゆっくりとつぎ終わり、ビンを何回もゆすってシズクをようく切る。

ここまでシズクをようく切ったからには、当然サービス料取るよ、というシズクの切り方である。

あとで伝票を見ると、ちゃんとサービス料が取ってある。

夜がふけてくると、ホテルのバーは妖《あや》しい雰囲気がたちこめてくる。

絵にかいたような、会社の上司とOL、という組み合わせも意外に多い。

こういうカップルが隣の席にいたりすると気が気でない。

テーブルの上にルームキーが置いてあったりすると居ても立ってもいられなくなる。

何とかして妨害することはできないだろうか。

もちろん、そういう邪悪なカップルばかりでなく、正しいカップルも多い。

だが、正しいカップルだからといって許すわけにはいかない。

何とかして阻止したい。

なにしろ〝カップル許すまじ歴四十年〟を誇るぼくのこととて、こうなったら正しい夫婦といえども阻止したい。

酔いもまわってきたせいで、本気で阻止策を考えたりしている客もいるわけだから、ホテルのバーでは充分気をつけてください。

5章 激情の二十代編

白昼堂々の家出

ぼくはついに家出を敢行することになった。

家出というものは、普通ボストンバッグ一つに下着などを詰め込み、夜陰に乗じて敢行されるものであるが、この家出には小型トラックが使用された。

しかも、白昼であった。

小型トラックには、机、本箱、布団、などの大物から、鍋釜、茶わん、ハシ、チリ紙、箒にチリトリ、まな板に包丁、コーモリ傘に下駄、砂糖にしょう油、味の素にお塩、に至るまで、生活に必要なもの一切が積み込まれた。

両親は、動き出した車に、手さえ振って別れを惜しんでくれたのである。

白昼堂々、両親認可、トラック仕立ての家出であった。

これが正しい家出といえるかどうかわからないが、ぼくの心境としてはまったく正しい、正統な家出であった。

「やむを得ない」というのが両親の心境であったし、ぼくの心境もまた「やむを得ない」であった。

生計のあてはまるでなかった。

まるでなかったけれども、当面の生活費だけはちゃんと持っていたのである。漫画が一枚も売れないのに、なぜそのような大金を所持していたのか。

家業の酒屋を手伝いつつ、この日あるを期して、着々とヘソクリを貯め込んでいたのである。

ヘソクリというものは、たいていの場合、細々と長期にわたって行なわれるものであるが、ぼくの場合は、かなり激しく、かなり大胆に行なったので、短期間にかなりの成果を挙げることができた。

最初は、配達を手伝い、その際の伝票を破り捨てるという、初歩的かつ慎重な方法に頼っていたが、そのうち、大規模かつ兇悪な方法を発見したのである。

商店などに置いてある金銭登録機は、開けるときに、チーンというかなり大きな音をたてるものであるが、ぼくは音をたてさせないでひき出しを開ける方法を発見したのである。

この秘術を公開することは、ここでははばかる。

ぼくも早や、「青少年に及ぼす影響、及び害毒」などということも考慮しなければならない年齢にさしかかっているのである。

こうなると、かなり大規模なつかみ取りが可能になった。

ぼくは進んで店番を受け持ち、その秘術を激しく駆使して、かなり大胆なヘソクリに精を出した。

酒屋とはいっても、わが家は小さなささやかな酒屋であったから、この業務上横領は、この店にとっては大きな打撃であった。

滋賀銀行における奥村女史のようなわけにはいかないのである。

ささやかな酒屋から横領したヘソクリの額も、大規模なつかみ取りとはいってもタカが知れていたのである。

下宿の部屋を借り、およそ三カ月ほどはなんとか食いつなげるという程度のものであった。

三カ月たてば、それから先は、自分でなんとか生計を立てていける、という目算はなかったが、一応の目算もないではなかった。

その目算とは、またしても、

「まあ、なんとかなるのではなかろうか」

というものであった。

家出人の落ちつく先は、普通、簡易旅館とか、よくても北向きの三畳というのが相場であるが、この家出人が探し出した物件は、六畳の間であった。

しかも南向きであった。

さらにいかめしい床の間さえ付いていたのである。

その上、わずかではあるが、前面には庭もついていたのである。

ただし、庭の前には、大きなトルコ風呂の建物があったので、陽はまったく当たらなかった。

ぼくはのちのち、このトルコ風呂と不思議なかかわり合いを持つことになるのであるが、それはあとで述べることにして先を急ぐ。

場所は新宿の、国電大久保駅近くであった。

しかも駅から二分という近さだった。

いや走れば一分という近さだった。

ぼくはのちのち、この駅から二分の道のりを、やたらに走り廻ることになるのであるが、これもあとで述べることにして先を急ぐ。

この国電大久保駅周辺は、知る人ぞ知る、知らない人ぞ知らない、いわゆる湯治を目的としない客のための温泉旅館が密集しているところなのである。

湯治を目的としない客は、この旅館でどういうことを行なうのか、ぼくはくわしいことは知らない。

駅から歩いて二分の道のりの両側すべてが、これらの温泉旅館であった。

不動産広告物件ふうに書くと、

「駅二分、南向六畳、床間付、庭有、眺望絶佳（なにしろ前面はトルコだから）、環秀（なにしろ周囲全部温泉マークだから）、惜譲、早勝、仲断」

ということになる。

三カ月から先の生計の目途もない家出人の住まいとしては、贅沢きわまる、といってもいい過ぎではない物件である。

山谷の簡易旅館に泊まるべき人間が、赤坂の迎賓館に宿をとったようなものであった。

なぜこのような、無謀ともいえる暴挙を行なったかというと、この迎賓館の家賃が、意外にも破格的に安かったからなのである。

四千五百円であった。

当時としては、四畳半の値段と同じだった。

なぜ、この駅二分、南向、床間付、庭有の秀逸な物件が安かったのか。

これについてはあとで述べることにして先を急ぐ。

どうもこのへんは、「あとで述べる」が多いようである。

よく考えてみると、それほど「先を急ぐ」必要もなさそうだし、本当に「あとで述べる」ことがだいぶたまってしまったようである。

「あとで述べる」べき部分を覚えていて述べることができるかどうか不安にもなってきたので、この件に関してのみ、「ここで述べ」てしまうことにする。

なぜこの迎賓館の家賃が安かったか。

この下宿屋は、本職の下宿屋ではなく、女所帯で物騒だから、下宿人でも置こうか、という方針の下宿屋だったのである。

ただし、下宿人は学生に限ったのである。

学生は身許がはっきりしているし、いろいろうるさいことをいわない、という点を買われて、下宿人は学生に限る、ということになっていた。

この学生に限る、というところが、この大家さんの泣きどころであった。

なにしろ環境が環境である。

前面トルコ、周辺全域温泉マークという環境は、勉学に励む学生には、必ずしも適しているとはいえない。

息子の下宿の環境に関心を持つ親ならば、まず躊躇する下宿である。

かくして破格の相場が案出された、というのが真相であるらしかった。

下宿先に向かうトラックの荷台の上で、ぼくは深い感慨にふけった。

独立！

いよいよぼくは自分一人で生計を立てていくのだ。

両親には、

「ちゃんとやっていける明るい見通しがついたから」

と宣言して家を出てきたのである。

だが前途は、長い長いトンネルのようにまっ暗であった。

ちゃんと学校にも行き、生計を立て、卒業もし、立派な漫画家となって故郷に錦を飾ります、と宣言して家出を許可してもらったのである。

「故郷に錦」といっても、自宅は八王子であったから、同じ東京都内である。

八王子と大久保は、同じ国電中央線であり、時間にして四十分の距離であった。

錦を飾りに行こうと思えば、いつでもすぐに飾りに行ける近さであった。

だが実際は、学校にも行かず、生計も立てられず、卒業の見通しに至っては、これはもうどうあってでも卒業できないであろうという確乎とした見通しがついていた。故郷に錦どころか、故郷に雑巾も飾れないであろうという悲惨な状況に取り囲まれていたのである。

揺れるトラックの荷台の上で、ぼくは両親のことも思った。

元サラリーマンであった父は、やっと酒屋開業にまでこぎつけ、これでやっと老後も安泰、伜《せがれ》の卒業も間近、あとは伜に嫁をもらって楽隠居、と思っていたに違いないのである。

なのに伜のほうが楽隠居の生活をしていて、あげくの果てに、漫画家になるために家を出るといい出したのである。

父母の胸中はいかばかりであったか。

悔恨の涙と鼻水は、顔面よりとめどもなく、あふれ出るのであった。

下宿に着き、運送屋を帰すと、ぼくはまず数少ない家具をそれぞれの位置に安置させた。

それから荷物をほどき、布団を押入れにいれ、シャツとパンツのたぐいも押入れにいれ、包丁やまな板も押入れにいれ、箒やチリトリも押入れにいれ、鍋釜や茶わんも押入れにいれ、靴やコーモリ傘も押入れにいれ、しょう油のビンやソースのビンも押入れにいれ、部屋を掃き清め、身に余る床の間もきれいに雑巾をかけ、かかっていた掛軸の位置を正し、一人部屋の中央に坐りこんだ。

これから先、一体どうなるのだろうか。

あるいはどうにもならないのであろうか。

一応の貯えはあるというものの、これも向こう三カ月分だけである。人生というものは、その三カ月から先のほうがずっと長いらしいのだ。漫画の原稿が、そう簡単にお金に換えられないものだということもよくわかっていた。

いざとなったら、土方でもなんでもやるつもりではいたが、はたして、ぼくは、土方の方々とうまくやっていくことができるだろうか。

つき合い方がまずい、ということで殴られたりするのではなかろうか。

土方の方々は力が強いから殴られると、相当痛いのではなかろうか。

その夜ぼくは、残してきた両親を思い、暗澹としたわが前途を思い、南向き眺望絶佳の六畳の部屋で、前面トルコ風呂のネオンに照らされながら一人涙にくれていたのであった。

だが若さは、一人の青年を、一つの感情の中にだけ押しとどめておくようなことはしない。

新しい生活は新しい刺激に満ち、新しい興味は青年を行動に駆り立てる。

この下宿の下宿人は、ぼくもいれて六人だった。

隣室の青年が、トリスのビンを持って挨拶に現われた。

迎賓館に、早くも賓客が入来したのである。

常識的に考えれば、新入りのぼくのほうが挨拶に出向くことになるのであろうが、若さは往々にして常識を無視する。

「石田といいます」

と彼はいった。

彼が持参してきたトリスのビンには、ウィスキーが半分ほど入っていた。

「いかがですか」

と彼はビンを突き出す。

ぼくは早速、例のなんでも入っている押入れからコップを取り出し、トリスをゴボゴボと注いでもらう。

普通ウィスキーを飲むときは、水を用意するものであるが、若さは水を必要としない。

ストレートが常識であった。

そしてまた、ウィスキーを飲むときは、なにがしかのおつまみを用意するのが普通であるが、若さはおつまみも必要としない。

歯みがき用のコップに、ダバダバとコハク色の液体を注いでグイグイと飲む。無謀といえばいえなくもないが、そういう感覚はすでに大人の感覚である。

石田青年は、早稲田の学生であった。理工学部の秀才である。

「すると、ぼくと同じというわけか」

「学部はどこですか」と彼。

「文学部のほうにね、いるんですけどね」

「何科？」

「露文のほうにね、いるんですけどね」

「いるんですけどねって、なんか頼りないヘンないい方ですねェ」

「ええ、頼りなく、ヘンな具合にいるんですけどね」

「何年生ですか」

石田青年は、あぐらをかきグラスを唇にあてて、上目づかいにたずねる。

「まあ、三年生ぐらい、というような感じでいるんですけどね」

「はあ……。すると先輩ということになりますね」

「あなたは」

「ぼく、二年です。先輩、もうちょっとどうですか」

石田青年は残り少ないトリスのビンを突き出す。

先輩は後輩のウィスキーをグイグイ飲む。

ウィスキーはたちまち空《から》になった。

普通こういう場合、先輩はただちに、

「じゃ、外へ出ようか。今度はぼくがおごろう」

といって後輩を連れて飲みに出かけるものなのであるが、この先輩は、なかなかそういい出さないのである。

なにしろこの先輩は、向こう三カ月分の生計費しか所持していなかったし、その三カ月分も、あくまで「生計費」としてのお金であって、「遊興費」もしくは「交際費」の分までは、予算に組んでなかったからである。

空になったトリスのビンを前にして、二人は深いため息をついていた。

（なんと頼りがいのない先輩か）

と彼は思っているに違いないのである。

「ここ、学校に近くてなかなか便利ですよ」

と、彼が口を開いた。

「山手線の新大久保駅も、ここから歩いて五分ですからね。隣りが高田馬場駅」

「なるほど」

「やはり下宿は、学校に近いのがいちばんですね」

「そうだろうなあ」

いくら学校が近くても、ぼくには関係のないことなのだ。

「外へ出ませんか」

と彼のほうがいった。

こうなると外へ出ないわけにはいかない。

「いきますか」

ぼくは、自分は本日ここに到着した人間であるから、この付近の情勢を知らない。よって貴君の熟知せる適当な店はないか、と彼に尋ねると、彼はただちに、ナントカというバーの名前をあげ、ナントカちゃん、とってもかわいいんだ、などとつけ加えた。

かなり熟知しているもののようであった。

そのバーへおもむく途中、ぼくは「合成酒三十五円」という縄ノレンの看板を目ざとく見付けた。

「石田君、ちょっとちょっと」

「は？」

「そこがちょっとおもしろそうじゃないですか、入ってみませんか」

「あ！　そこですね。入りましょう」

ぼくは縄ノレンを掻き分けて彼を中へ連れ込んだ。

合成酒三十五円の縄ノレンが、おもしろいはずはない。

安くすませよう、という魂胆なのである。

酔っていたとはいえ、早くも生活者としての知恵を身につけたものとみえる。

合成酒三十五円、清酒五十円、モツ煮込み四十円、シオカラ三十円、イカゲソ三十円、冷やしトマト三十円、ライナービヤー八十円、45ウィスキー四十円などの値段表が見えた。

むろん、お刺身、冷ややっこ、茶わん蒸し、一級酒、ビールなどの高級品の文字も見えたが、これらは値段的に自分たちと無縁のものであったので、それらについて検討するということはぜんぜんしなかった。

ライナービヤーというのは、当時あった合成ビールのことである。ビールの中ビンより少し小さめのビン一本が八十円で、飲めばちゃんとビールの味がした。

しかもアルコール度は、普通のビールの二倍だった。

だが、愛用する人は少なかったように思う。

その後もぼくは、この店のモツ煮込みと、冷やしトマト、シオカラと、合成酒と合成ビールをもっぱら愛用した。

思えば合成の多い店であった。

「オッ、ライナービヤーってのがあるぞ。これ飲んでみましょう」

ぼくは石田青年にいった。

ライナービヤーは、わが酒店にも置いてあって、いつも、うまくない、うまくないといっていたのである。

ライナービヤーを二本とった。

早くも百六十円の出費である。

合成ビールを飲み干して次に合成酒を二本たのんだ。

シオカラも二つたのんだ。

合計百三十円である。さっきの百六十円と合わせて早くも二百九十円を消費する。

三カ月の生計費マイナス二百九十円、と計算する。

生計費がどんどん減っていくのである。

気が気ではない。

さらに合成酒を二本追加した。合成ビールと合成酒でおなかは合成だらけになった。

下宿で飲んだトリス半分と、合成ビールと合成酒で二人共かなり酔ってきていた。

「そのナントカちゃんのいるバーね」

「あ、行きましょ、行きましょ、そこへ行きましょ」

「今回はもう遅いし、次回の楽しみということでとっておきましょうよ」

「それもそうですね」

石田青年が意外におとなしくうなずいたので、とめどもなく出ていた出費が、ここでやっととまったのである。

※作中に現代では不適切な表現が含まれますが、初出時の時代性と作品性を鑑み、ママとしています。

漫画行商人

午後になると、近所の銭湯に出かけていくのをつねとした。

下宿のそばに、三福会館という結婚式場があり、このビルの二階に銭湯があった。三階から上が結婚式場で、一階と地下がデパートになっていた。

銭湯が二階にあるというのは、全国的にみてもめずらしい存在ではなかったろうか。湯舟に体を沈めていても、自分の裸の尻の下では大勢の買物客がひしめいていると思うと、なんだか落ちつかない思いがするのであった。

この銭湯は、毎日三時に開業した。

銭湯では、どっさり時間をかけて、体のすみずみまでよく洗った。

どうもこのころは、体の清浄作業にばかり励んでいたようである。

なにしろ時間はたっぷりあったから、いつも一時間はお風呂につかっていた。

湯桶《ゆおけ》を尻にしいて、三十分ぐらいボンヤリと外を見ていることもあった。

二十三歳の青年が、まるで定年退職者のような生活を送っていたのである。

楽隠居の生活を先にし、それから定年退職者の生活に移るなど、この青年の行動は、どうも順序が逆だったようである。

学校に籍はあるが学生ではなく、漫画家ではあるが、漫画家としての仕事はなく、定年退職者のようではあるが、定年ではなく、楽隠居の生活ではあるが、金はない、といった不思議な生活を送っていたのである。

帰りは、たいてい地下一階の食料品売場に寄った。

ここで晩のおかずを買うのである。

床《とこ》を離れて風呂に入り、早くも晩めしの仕度にとりかかるのである。

モヤシと豚のコマ切れを買うことが多かった。鯨の南蛮漬というのもよく買った。サツマ揚げもしばしば購入した。

隣室の学生は、よくウインナソーセージをフライパンでいためて食べていたが、ぼくにとっては、ウインナソーセージさえ高嶺《たかね》の花だった。

三時に銭湯に行くから、帰りはたいてい四時ごろである。

町には、背広にネクタイ、革靴のビジネスマンたちが忙しそうに行き交っている。

そのなかを、濡れタオルに石けん箱を持ち、モヤシの汁をしたたらせながら下駄ばきの青年は歩いてゆくのである。

彼らはこれから五時まで、まだたくさんの業務を抱えているのであろうが、ぼくには抱えるべき業務がない。

抱えているのは、汁のしたたる十円のモヤシの袋である。

百グラム四十五円の、ブタ肉のコマ切れである。

青年はなぜか世間の目を避けるようにして夕暮れの町を歩いてゆくのであった。

お米は一キロずつ買った。

「お米の一升買いをするようになっちゃ、人間おしまいだ」

という言葉を聞いたことがあるような気がするが、一升買いどころか一キロ買いであった。

一キロ買うと三日から四日でなくなる。

お米を一キロ紙袋に入れてもらい、大の男がそれを抱えて家路をたどるときは心底悲しかった。

貧に泣く、とはこのことに違いないと思った。

今のぼくには米びつさえない。

ぼくの米びつは、この一キロしか入っていない、すぐにも破れそうな紙袋である。うす暗い台所で、お米をシャカシャカとといでいると、オレはこうしてだんだんダメになっていくに違いない、あと五年たっても、いや十年たっても、きっとこうして、うす暗い台所で、お米をシャカシャカとといでいるに違いない、と暗い思いで胸が一杯になるのだった。

いやそのころは、きっと背中に赤ん坊も背負っているに違いない。そして、そのかたわらに幼児も泣き叫んでいるに違いない。

「とうちゃん、ひもじいよォ」

「待ちなさい。お父さんがいま、ゴハンを炊いてあげるからね」

父親は、米びつならぬ一キロ入りの紙袋を濡れた手で取り上げると、紙袋は破れ、台所の床一面にお米が音をたてて散らばる。

父親はうす暗い台所に這いつくばって、散らばったお米を拾い集める。

背中におぶった赤ん坊は、父親のこの突然の不幸を察知してか、火のついたように泣き始める。

おれは、五年たっても十年たってもこうして台所に這いつくばって、お米を拾い集めているに違いない。

幼児も泣き始めるに違いない。

「泣くんじゃない、泣くんじゃない。お父さんは今、お米を拾い集めているのだからね」

暗い予感はさらに予感を呼び、ぼくはいたたまれなくなって台所を飛び出し、例の「合成の多い料理店」に駆けつけ、合成酒をあおる。

合成ビールさえも、今は早や手の届かない存在となっていた。

三カ月が、アッというまに過ぎていたのである。

早くも、三カ月から先の、長い長い人生に足を踏み入れていたのであった。

「ま、なんとかなるだろう」という人生方針が、もはや通用しなくなっていたのである。

今度はほんとうに、

「なんとかしなければならぬ」

と思った。

これより一カ月ほど前から、雑誌社の原稿取りのアルバイトを始めていたが、これは週二回だけだったので、たいした収入にはならなかった。

下宿生活にはいったら、毎日毎日キチンと漫画を描き、雑誌社に売り込みに行く予定だった。

だが漫画は、まだ一枚も描いてなかった。

ぼくはときどき、八王子の自宅に帰るようになっていた。

「お店忙しいだろうと思って手伝いにきた」

と称して、二、三日食いつなぐのである。

家へ帰ると、やせおとろえて、アゴのとがった息子を見て、母親は涙をこぼした。

体重は五十五キロになっていた。

現在の体重が七十キロであるから、十五キロも少なかったわけである。

当時にくらべ、十五キロの肉塊がぼくの現在の体に付着していることになる。

十五キロの肉塊とは、だいたいどのくらいのかたまりになるのだろうか。

母親の涙を見ると、息子も涙をこぼした。

泣きはしたが、涙を拭くとすぐ店番を申し出て、またしても秘術を激しく駆使して業務上横領にとりかかるのであった。

そのころ、人手不足の波が、この小さな酒屋にも波及してきていて、店員が一人やめ、二人やめ、年老いた両親が、重い酒の配達もしなければならなくなっていた。

その年老いた両親の、血と汗と涙の稼ぎを、息子は秘術を激しく駆使してかすめとっていくのである。

このころはほんとうによく酒を飲んだ。

飲まずに一日を過すことができなかった。

ぼくは今でもそうだが、このころから、お酒をおいしいと思って飲んだことは、一度もない。

酒はつねに酔うために飲むものであった。

ぼくはお酒を全然飲まない人も好きではないが、楽しんで飲む、という人もあまり好きではない。

「酒なくて、なにが人生かな」

などと、ヘンなことをつぶやきつつ、楽しそうに飲んでいる人はあまり好きではない。

あまりにあたりまえ過ぎるではないか。

当然の結果として、飲めば荒れた。

荒れる、といっても、警察の方々とかかわり合いを持つような、「勇気ある荒れ方」ではない。

お上《かみ》のご厄介にならない程度に、ささやかに荒れるのである。

しょっちゅう電柱によじ登った。

電柱によじ登って電線工事をするのではない。ただ絶叫するのである。

絶叫といっても、意味のある言語を叫ぶのではなく、ただ、「ウオーッ」とか「デャーッ」とか咆哮《ほうこう》するのである。

電柱に立てかけてある看板を倒して踏んづける、ということもよくやった。

看板が立てかけてないときは、電柱を蹴っとばした。

電柱に体当たりしたこともあったし、むろん電柱におしっこも多量にひっかけた。

なぜか電柱に対する暴行が多かったようである。

別に東京電力に恨みがあったわけではないが、電柱にあたるよりほか、他にあたるものがなかったのだと思う。

若さ故の怒りと忿懣《ふんまん》を、ただひたすら電柱にぶつけていたらしいのである。

それから、いろんなものを、やたらに下宿にかつぎ込む、ということもよくやった。

これは、必ず大きなものに限っていた。

商店の大きな看板をはずしてかつぎ込んだり、ハシゴをかつぎ込んだり、一度は大きな道路標識を引き抜いてかつぎ込んだこともあった。

この「かつぎ込み」の原因を、今になって分析してみると、次のようなことになると思う。

当時、ぼくは仕事らしいことをなにひとつしていなかった。

勤労ということからは、かけ離れた生活を送っていたのである。

来る日も来る日も無為の生活を送っていると、

「ああ、働きたい、額に汗したい」

という勤労意欲が湧き上がってくるものなのである。

まして、血気盛んな青年である。

毎日の、入浴や爪のアカほじりでは、どうしても欲求不満になってくる。

例えば道路標識などを、額に汗して引き抜き、今度はそれを肩にかついで、息をきらして下宿まで運搬する。

やっとこさ下宿の玄関までたどりつき、狭い下宿の廊下を、あちこちぶつかりながら運びあげ部屋に安置し、ふき出す汗をぬぐうと、

（なにごとかを、なし遂げた！）

という満足感が得られるのである。

勤労の喜びにひたることができる、ということになるのである。

翌朝、この道路標識を見た下宿のオバさんは青くなった。

これは間違いなく警察沙汰《ざた》だ、というのである。

今度はぼくが青くなった。

オバさんは、これを元あったところへ戻してこいという。

ぼくはますます青くなった。

白昼、これを戻しに行けば、間違いなく警察沙汰であろう。

道路交通法、第何条かで、大変なことになるに違いない。

ぼくは深夜になったら元に戻してくるからということで、オバさんに納得してもらったが、さて、これをかついでみると、肩にずっしりくい込み、よろけるほど重い。

長さも二メートル以上あり、よくもまあ、こんなものを引き抜いてかついでこられたものだと思うほどだった。

ぼくは一計を案じた。

当時の道路標識は、木製の柱に鉄板を打ちつけたものだった。

ぼくは乏しい財政の中から、ノコギリを買ってくると、オバさんの目を盗んで、それを四十センチずつぐらいの大きさに寸断し、これを縁の下の奥深く投入することに成功したのであった。

またたくまに一年が過ぎた。このころには学校にはまったく行かなくなっていた。漫研の人たちとも疎遠になっていた。いったい当時は毎日なにをしていたのか、いま考えてみても思い出せないのである。

ぼくの下宿生活はさらに貧窮の度を加えていった。

次のわずかな定期収入が入るまでに半月近くあるのに、懐中にはたったの三千円ということもあった。

そういうとき、ぼくはただちに割算をするのがつねだった。

三千円を残りの日数十四で割るのである。

答えは約二百十円である。

これが一日に使える全額となる。

こんどはその二百十円を、また三で割る。

答えは七十円である。

これが一回の食事に使える金額ということになる。

その七十円も六十円になり五十円になっていった。

青春時代のぼくは、毎日毎日割算ばかりして過していたようである。

そうこうしているうちに、福地泡介の漫画が漫画週刊誌に載るようになった。

とうとう彼は、売り込みに成功したのである。ぼくが爪のアカをほじってる間に、彼はせっせと漫画を描いていたのだ。

しばらく会わないでいるうちに、彼はすでに結婚さえしていたのである。

ぼくは福地に会いに行った。

小ぎれいなアパートに、ちゃんと表札がかかっており、戸口のところに牛乳のビンが並んでいた。

「ああ、彼はちゃんと〝生活〟している」

ぼくはそう思った。

漫画などという、ふたしかであやふやなものを、ちゃんと牛乳という現実的なものに換えて生活している。

白い液体の詰まった牛乳ビンに、生活というもののすべてが象徴されているような気がした。ぼくは愕然《がくぜん》とした。

ぼくの部屋には表札さえないのだ。

むろん牛乳ビンも並んでいない。

そうだ、ぼくも漫画を描こう。漫画を描いて牛乳をとろう。牛乳をとって、ぼくも生活者の仲間入りをさせてもらおう。

ぼくの今までの生活はいったい何だったのだろう。学生であるような、社会人でもあるような、定年退職者であるような、浪人でもあるような、わけのわからないいい加減な泥沼に、どっぷり首までつかって頭に手拭いなどのせて、鼻歌などいい気持ちで歌っていたのだ。

その夜ぼくは下宿に帰ってくると猛然と漫画を描き始めた。

と、書きたいところであるが、実は描けなかったのである。今までなまけ放題なまけていた者が、そんなに急に描けるようになるはずがないのだ。

だがそれでも、それまでよりは少しずつ一枚二枚と描きためるようにはなっていった。更生の道を歩み始めたのである。

［解説］

ユザーン

アニメやアイドルなどのファンの間で使われる「古参・新規」という言葉はご存じだろうか。古くからのファンを古参と呼び、ごく最近になってファン活動を始めた人は新規と呼ばれるそうだ。

古参と新規の間で軋轢が生まれることは少なくないらしい。ファン歴の長さでマウントを取ろうとしがちな古参、それをうっとうしく思う新規、というのが典型的な構図だと聞く。

長く応援を続けてきたのは素晴らしいことだ。しかし、そのことで優位性を示そうとするのはあまり趣味のよくない行動だろう。あたらしく参加した人にとっても居心地のよい、新旧のファンが一緒に楽しめるような環境を作れるのが理想だと思う。

そのことは僕にもよくわかっている。だが、こと東海林さだおさんの話になるとどうしても冷静でいられなくなるのだ。

「え、東海林さん好きなんだ。いつぐらいから？　いやいや、僕もそんなに昔からのファンではないんだけどね。池袋の東武デパートで開催された東海林さんのサイン会に並んだのが小学校低学年の時だったから、まあ少なくとも四十年弱は読んでるけど」

とか、

「丸かじりシリーズいいよね〜。次に出る『町中華の丸かじり』で四十五冊目だっけ。そういえば『キャベツの丸かじり』が発売されたばかりのときに、あれ一冊だけ持って栃木の祖父母の家まで電車で遊びに行ったのを思い出すな。たしか、その頃まだシリーズ二作目だったかしら」

など、なんとかして自らの古参エピソードを話に差し込もうとしてしまう。

この解説を頼まれる際に出版社の人から、

「東海林さだおさんの長年のファンだけでなく、新たな若い世代にも知ってもらえるような解説をお願いしたいのです」

と言われたとき、依頼相手を完全に間違えているのではないかと思った。ファン歴の長さを隙あらば誇示したがるような一番うっとうしいタイプの古参に、若者の心に響く解説ができるはずはない。

ただ、本書のような過去作を再編したアンソロジーが続々と出版されていることはもちろん素直に嬉しい。東海林さんの作品が多くの人に届くきっかけになるだろうし、自分としても新たな構成で読めるのは楽しいのだ。

たとえば本書には、二〇二一年に出版された『干し芋の丸かじり』から「憧れの定食食堂」が収録されている。吉祥寺の定食屋で安さに興奮するという、いかにも東海林さんらしい愛らしさを感じる作品である。

続けてページをめくると、名作「実直一筋貧乏な王侯の群れ　新宿西口食堂街」が開かれる。こちらは一九七三年に雑誌『太陽』で初出されたはずだ。

これらを並べて読むことで、五十年近くに渡って定食屋を観測し続けている東海林さんの凄さとブレのなさがあらためて実感できる。選集ならではの体験だろう。

書かれた年代がこれだけバラバラなのに、ほとんど違和感がないのも驚異的である。もしこれがいわゆるグルメ本だったとしたら、一九七〇年代のレビューと二〇二〇年代のレビューが混在するアンソロジーをすんなり読み進められるとは思えない。「ミニマム・ド・パリ」を例にとる。二〇一五年に閉店してしまったレストランを一九七〇年代後半に訪れた食レポなんて、歴史的価値ぐらいしか見出せなくなっていてもおかしくはないはずである。

これが東海林さんの手にかかると、今でもまったく色褪せずに楽しむことができる。なぜなのか。それはきっと東海林さんが主題としたのがマキシム・ド・パリの内装や味ではなく、「敷居の高さと値段の高さに慄く」という個人的かつ普遍的な感情についてだったからだ。

この一篇に限らず、東海林さんの食エッセイでは味について言及されることはかなり少ない。コンビニおでんにツユをかけるときの葛藤、かけうどんを注文した際に周囲から受ける扱い、高級な寿司屋の感じ悪さ。そんなところばかりに焦点が当てられる。そのユニークな着眼点こそが東海林さんの魅力なのである。

天才的なプロレスラーだったアントニオ猪木を評した、「猪木ならホウキが相手でも名勝負ができる」という名言がある。

その言葉は東海林さんにも当てはまるのではないか。「東海林さだおなら白湯がテーマでも名文が書ける」。たとえどんなテーマを与えられたとしても東海林さんはきっと対象物のどこかに、誰にも思い付かない方向から面白さを見つけるに違いない。

最後に、本書の最終章に収録された「白昼堂々の家出」「漫画行商人」について触れたい。もちろん、この二篇だけ読んだとしても十分に楽しめる作品だとは思う。だが、なぜ東海林さんが家出をするに至ったのか、どうして大学へ行かなくなったのか、少し気になった人も多いのではないだろうか。

そんな人には、原典である『ショージ君の青春記』を是が非でも読んでほしい。屈指の名著だ。

音楽でも、まずベスト盤やコンピレーション盤から気に入った楽曲を見つけ、それが収録されているオリジナル盤に進む、というような聴き方をする人は多い。本書もそういうトリガーになったらいいなと思う。

そうやって東海林さんの新しいファンがどんどん増えていけば、

「さっきの話なんだけど、実は僕が参加した池袋東武のサイン会は東海林さんの人生において最初で最後のサイン会だったらしくて。いや、本当にラッキーだったんだよね」

と、また古参自慢をして新規に嫌われるチャンスも増えるはずだ。


（タブラ奏者）

・本作品は、『週刊朝日』（朝日新聞出版）連載中の「あれも食いたいこれも食いたい」および以下の作品に掲載された著者のエッセイ及び対談を再編集したアンソロジーです。

・「コンビニ日記」「江川紹子かく語りき」（『ずいぶんなおねだり』文藝春秋　以下同）／「『せこい』の研究あなたは舛添元知事を笑えるか」（『オッパイ入門』）／「無料（ただ）について」「ショージ君の不況対策」「大冒険、かけうどん」（『ショージ君のコラムで一杯』）／「実直一筋貧乏な王侯の群れ　新宿西口食堂街」（『ショージ君の「さあ！なにを食おうかな」』）／「偉業！立ち食いそば全制覇　その六　かくて立ち食いそば巡りは終わる」（『偉いぞ！立ち食いそば』）／「寿司の騒ぎ」（『ニッポン清貧旅行』）／「ミニマム・ド・パリ」（『ショージ君の面白半分』）／「白昼堂々の家出」「漫画行商人」（『ショージ君の青春記』）

東海林さだお（しょうじ・さだお）

1937年、東京都生まれ。漫画家、エッセイスト。早稲田大学第一文学部露文科中退。70年『タンマ君』『新漫画文学全集』で文藝春秋漫画賞。95年『ブタの丸かじり』で講談社エッセイ賞、97年菊池寛賞受賞。2000年紫綬褒章受章。01年『アサッテ君』で日本漫画家協会賞大賞受賞。11年旭日小綬章受章。『ゴハンですよ』『ひとり酒の時間イイネ！』『大衆食堂に行こう』『ことばのごちそう』『自炊大好き』（すべてだいわ文庫）など、著書多数。

だいわ文庫

貧《ビン》乏《ボー》大《だい》好《す》き
ビンボー恐《おそ》るるに足《た》らず

著者　東海林《しょうじ》さだお

二〇二二年一二月一五日第一刷発行

発行者　佐藤 靖
発行所　大和《だいわ》書房
東京都文京区関口一－三三－四　〒一一二－〇〇一四
電話　〇三－三二〇三－四五一一

フォーマットデザイン　鈴木成一デザイン室
本文デザイン　二ノ宮 匡
本文印刷　信毎書籍印刷
カバー印刷　山一印刷
製本　ナショナル製本

ISBN978-4-479-32037-1
乱丁本・落丁本はお取り替えいたします。
https://www.daiwashobo.co.jp